키워드 한국사 ⑤

조선 후기

키워드 한국사 5

신병주 지음 · 김종도 · 김진화 그림

사계절

이 책을 펴내면서

이제 막 역사의 문턱에 들어선 친구들에게

역사란 무엇일까?

너희들은 친구를 처음 사귈 때 그 아이가 그동안 어디에서 살았으며 가족은 누구인지, 또 어떤 환경에서 자랐는지 궁금한 적이 있었을 거야. 역사란 바로 그런 거란다. 이미 흘러가 버린 과거에 무슨 일이 있었는지 궁금해하고 그것을 알아 가는 과정이 곧 역사라는 거야. 그렇게 과거에 대해 잘 알게 되면 다가올 앞날을 더욱 알차게 계획할 수 있게 되지.

그런데 바로 며칠 전 교실에서 일어난 일을 두고 반 친구들이 저마다 다르게 얘기할 때가 있을 거야. 만약 며칠 전이 아니라 한참 전에 일어났던 일이라면 더 말할 필요도 없겠지. 그것은 시간이 흘러 기억이 흐릿해질 수도 있고 또 그때의 상황을 저마다 다른 처지에서 바라보기 때문일 거야.

역사도 그렇단다. 역사에서 우리에게 남겨진 것은 항상 얼마 안 되는 기록과 흔적뿐이야. 게다가 기록을 남긴 사람의 관점에 따라 다르게 기록한 경우도 많지. 그 기록을 세심하게 뜯어 살펴서 언제 무슨 일이 어떻게 일어났는지를 정확하게 재구성하는 것이 역사란다. 그래서 역사를 공부할 때는 암기력이 아니라 세심한 관찰력과 논리적인 추리력이 필요한 거야.

이런 점에서 『키워드 한국사』에서는 과거에 일어난 특정한 사건을 놓고 그것이 왜 일어났는지, 그것이 일어날 수밖에 없는 어떤 사정이 있었는지, 그 사건에 숨어 있는 의미는 무엇

인지를 논리와 추리를 최대한 동원해서 밝혀 보려고 했단다. 역사를 공부할 때는 역사적인 사실을 낱낱이 잘 아는 것보다 사건이 일어난 배경이라든가 사실들의 관계, 역사적인 맥락을 이해하는 것이 더 중요하다고 생각하기 때문이야.

『키워드 한국사』는 권마다 30개 안팎의 키워드로 이루어져 있어. 해당 시대를 이해하는 데 꼭 필요한 역사 개념과 인물·사건·생활·문화 등 다양한 분야의 키워드가 골고루 포함되어 있단다. 말하자면 우리 역사를 알 수 있는 중요한 단서라고나 할까?

예를 들면 영조와 정조가 나라를 다스리던 18세기는 사회·정치·경제·문화적으로 많은 변화와 발전을 이룬 조선의 중흥기였어. 영조와 정조는 탕평책으로 정치를 안정시키고 사회·경제적으로도 많은 개혁 정책을 펼쳐서 조선 후기의 학문과 문화가 활짝 꽃필 수 있는 바탕을 마련했지. '영조'와 '정조'라는 키워드는 물론이고 '실학', '수원 화성', '정약용', '산수화와 풍속화', '서민 문화' 등의 키워드를 하나씩 살펴 가다 보면 영조·정조 시대를 왜 정치·문화의 황금기라고 하는지 잘 알 수 있을 거야.

이렇게 역사의 키워드, 곧 역사의 단서들을 엮어 나가다 보면 역사의 흐름이 자연스럽게 보일 거야. 그러니까 연도나 사건, 인물 등을 달달 외울 필요는 없단다. 이 책을 읽고 우리 역사에 호기심을 갖게 되거나 또 다른 궁금증이 꼬리에 꼬리를 물고 생겨나서 우리 역사를 더 알고 싶다는 마음이 생긴다면, 그게 바로 진짜 역사 공부가 되는 거야.

이 책에 나오는 키워드를 바탕으로 너희들 스스로 새로운 역사 키워드를 더 많이 찾아내 주길 바란다.

『키워드 한국사』 글쓴이들

차례

1 전쟁의 상처를 극복하다

키워드 01 **광해군** 명분보다 실리를 택한 현실주의자   12

키워드 ✚ **강홍립** 중립 외교의 선봉에 선 비운의 장군   24

키워드 02 **동의보감** 조선 최고의 의학서   26

키워드 03 **병자호란** 삼전도의 굴욕   34

키워드 04 **북벌 정책** 북학이냐, 북벌이냐   42

키워드 05 **붕당 정치** 견제와 비판에서 정권 다툼으로   50

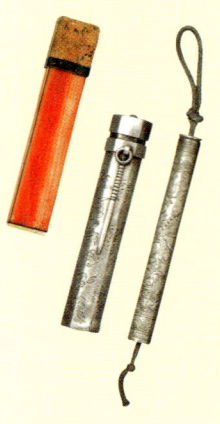

키워드 06 **숙종** 조선 문화 부흥의 바탕을 마련하다   60

키워드 07 **이앙법과 견종법** 일손은 줄이고 수확량은 늘리고   66

키워드 08 **상평통보** 가장 널리 쓰인 조선의 화폐   74

키워드 09 **안용복** 울릉도와 독도를 지킨 민간 외교가   78

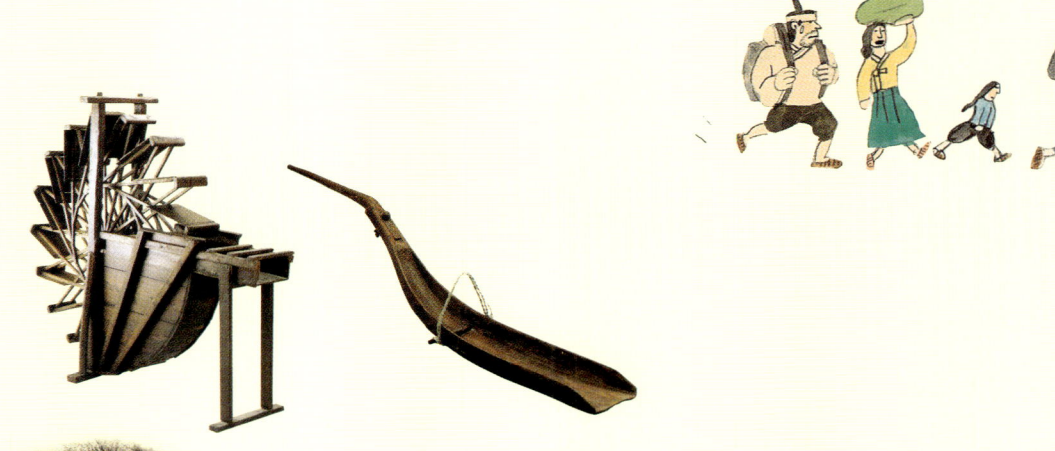

2 문화 중흥의 시대를 열다

키워드 10 **영조** 뚝심으로 조선의 중흥을 이끌다 88

키워드 ✚ **청계천 준천 공사** 쌓인 흙을 파내 물을 흐르게 하라 98

키워드 11 **정조** 모든 백성이 잘사는 조선을 꿈꾸다 100

키워드 12 **수원 화성** 정조의 꿈이 깃든 신도시 110

키워드 13 **김만덕** 제주 백성을 구한 조선 최고의 여성 상인 120

키워드 14 **실학** 성리학자들, 실용적인 학문을 연구하다 124

키워드 15 **정약용** 유배지에서 실학을 꽃피우다 138

키워드 16 **산수화와 풍속화** 그림 속에 살아난 조선의 자연과 풍속 146

키워드 17 **서민 문화** 백성들의 희로애락이 담긴 대중 문화 154

3 나라 안팎의 변화에 대처하다

키워드 18 **세도 정치** 왕도 마음대로 바꾸는 세력 164

키워드 19 **홍경래의 난** 우리도 똑같은 조선의 백성이오! 172

키워드 20 **서학과 동학** 새로운 종교와 학문에 눈뜨다 176

키워드 21 **대동여지도** 조선 지도의 결정판 184

키워드 22 **진주 농민 봉기** 백성의 힘을 보여 주고 뜻을 이루자! 194

키워드 23 **흥선 대원군** 거침없이 개혁 정책을 펴다 200

키워드 24 **병인양요와 신미양요** 밀려오는 서양 세력에 맞서다 206

키워드 ✚ **외규장각 의궤** 아픈 역사를 잊고 우리나라로 돌아온 의궤 214

연표 216

찾아보기 218

사진·그림 제공 및 출처 222

1 전쟁의 상처를 극복하다

임진왜란의 상처가 채 아물기도 전에 조선에서 다시 전쟁이 일어났어. 국방을 튼튼히 하지 못한 탓에 왕과 신하들은 도망가느라 바빴어. 청나라에 맞서 제대로 싸워 보지도 못한 채 조선의 왕은 굴욕적인 항복을 해야 했지. 전쟁이 끝나고 조선은 피해를 복구하는 데 온 힘을 쏟았어. 그 결과 조선은 사회 경제적으로 많은 발전을 이루었단다.

키워드 01　광해군

명분보다 실리를 택한 현실주의자

조선 왕조 실록인 『광해군일기』와 당시 궁중에서 일어난 일을 다룬 『계축일기』라는 책을 보면 광해군은 더없이 어리석고 포악한 인물로 그려져 있어. 그런데 과연 그럴까? 조선 시대 왕 중에 광해군만큼 엇갈리는 평가를 받는 임금도 드물 거야. 한쪽에서는 형제를 죽이고 어머니를 궁에 가둔 패륜아이자 폭군이라 평가하는가 하면, 다른 한쪽에서는 전쟁 이후 피폐해진 조선을 다시 일으켜 세우고 실리적인 외교 정책으로 조선을 또 다른 전쟁의 위기에서 구해 낸 임금으로 높이 평가하고 있단다. 그렇다면 광해군은 정말 어떤 임금이었을까?

【 어렵게 왕위에 오른 광해군 】

광해군이 왕세자가 된 것은 임진왜란 중이었어. 임진왜란이 일어난 지 20일 만에 선조가 한양을 버리고 서둘러 피란을 떠나자 백성들은 선조 일행을 향해 돌을 던졌어. 선조와 관리들은 성난 백성들을 달래기 위해 광해군을 왕세자로 책봉한 뒤, 임시로 조정을 둘로 나누어 한쪽은 선조를 따라 의주로 피란을 떠나게 하고, 나머지는 광해군을 따라 전쟁터로 가서 왜적을 막게 했지. 원래는 맏아들 임해군이 왕세자가 되어야 했어. 하지만 임해군이 워낙 성격이 난폭하고 백성의 신임을 얻지 못해 둘째인 광해군이 다음 왕위를 이을 왕세자가 된 거야.

　선조와 함께 조선을 책임지게 된 광해군은 남은 관리와 군사들을 이끌고 여러 지역을 누비면서 군사들과 식량을 모으고 백성들과 힘을 합쳐 왜적을 물리치기 위해 애썼어. 이런 활약 덕분에 광해군은 백성들의 지지와 신뢰를

얻었단다. 피란을 떠난 선조와는 사뭇 달랐지.

　오랜 전쟁이 끝나고 한양으로 돌아온 광해군은 아버지 선조의 뒤를 이어 다음 왕이 될 거라 기대했어. 그런데 선조의 왕비였던 의인 왕후가 죽고 두 번째 왕비가 된 인목 왕후가 영창 대군을 낳으면서 광해군의 왕세자 자리는 불안해졌어. 55세라는 늦은 나이에 적장자(본처가 낳은 맏아들)를 본 선조의 기쁨이 누구보다 컸거든.

　선조가 적장자인 영창 대군을 세자로 삼고 싶어 한다는 것을 눈치챈 신하들은 광해군이 후궁의 아들이므로 다음 왕은 당연히 정식 왕비가 낳은 영창 대군이 되어야 한다고 주장했어. 그리하여 조선의 관리들은 광해군을 지지하는 사람들과 영창 대군이 왕세자가 되어야 한다는 사람들로 나뉘어 싸우기 시작했지. 그 무렵 권력을 잡고 있던 많은 사람들은 세 살밖에 안 된 영창 대군 편을 들었단다.

전쟁의 상처를 극복하다　13

그렇게 전쟁 중에 목숨을 걸고 나라를 지켜 냈는데, 전쟁이 끝나자 적장자가 아니라는 이유로 왕세자 자리에서 물러나라니 광해군은 몹시 억울했지. 광해군이 아침마다 문안 인사를 하러 가면 선조는 "어찌하여 세자의 문안이라고 하느냐. 너는 임시로 세자에 봉한 것이니 다시는 오지 마라." 하며 차갑게 대했어. 그러던 중 1608년 선조가 갑자기 세상을 떠나자, 16년 동안 왕세자 생활을 했던 광해군은 어렵사리 왕위에 올랐단다.

【전후 복구 사업에 힘쓰다】

임진왜란은 7년 동안 일어난 전쟁으로, '7년 전쟁'이라고도 해. 이렇게 오래 전쟁을 겪었으니 조선의 국토는 구석구석 아프지 않은 곳이 없었어. 곡식 심을 땅도 메마르고, 사람들의 마음도 메말랐지.

이런 상황에서 광해군이 해결해야 할 가장 큰 숙제는 하루빨리 전쟁의 상처를 회복하는 일이었어. 광해군은 이를 위해 토지 조사 사업을 벌여 토지를 전쟁 전의 상태로 복구하는 데 힘썼어. 그리고 백성들에게 큰 부담이 되었던 세금 제도를 고쳤단다.

그 무렵 조선에는 세금으로 각 지역에서 나는 특산물을 바치는 '공납제'라는 제도가 있었어. 이를테면 귤이 많이 나는 지역에서는 귤을 바치고, 인삼이 많이 나는 곳에서는 인삼을 세금으로 바쳤지. 그런데 엉뚱하게도 바닷가에서 멀리 떨어진 두메산골 주민들에게 전복을 바치라고 하는가 하면 바닷가 어민들에게는 호랑이 가죽을 바치라고 하는 등, 그 지역에서 나지도 않는 특산물을 내라고 하니 백성들은 죽을 지경이었지. 특산물을 구하지 못해 한 마을이 텅 빌 정도로 도망가는 백성들도 많았다고 해.

그러다 보니 하급 관리나 상인들이 백성들을 대신해 특산물을 사서 나라에 바치고 백성들에게 그 값을 받아 내는 '방납'이 널리 퍼졌어. 문제는 이들이 중간에서 이득을 남기기 위해 물건값을 터무니없이 높게 부르거나, 자기들을 통해 구하지 않은 물건은 퇴짜를 놓기 일쑤였다는 거야. 이러니 힘없는 백성들은 점점 살기가 힘들어졌지.

광해군은 이런 문제를 해결하기 위해 지방의 특산물로 걷던 공물을 쌀로 내게 했어. 공인(나라에 필요한 물건을 대는 상인)을 선정해 필요한 특산물을 구입하고, 그 값은 세금으로 거둔 쌀로 치르게 했단다. 그리고 땅의 넓이에 따라 세금을 매겨서, 땅이 적거나 아예 없는 가난한 사람들은 세금을 적게 내고 땅이 많은 부자들은 세금을 더 내게끔 세금 제도를 고쳤어. 이를 '대동법'이라고 해.

광해군은 방납의 피해가 가장 심한 경기도부터 대동법을 시행했어. 대부분의 백성들은 대동법 시행을 반겼지만 땅이 많은 양반이나 지주들은 반발이 심했지. 이들의 반대 때문에 대동법을 전국적으로 시행하기까지는 광해군 이후 무려 100년이나 걸렸단다.

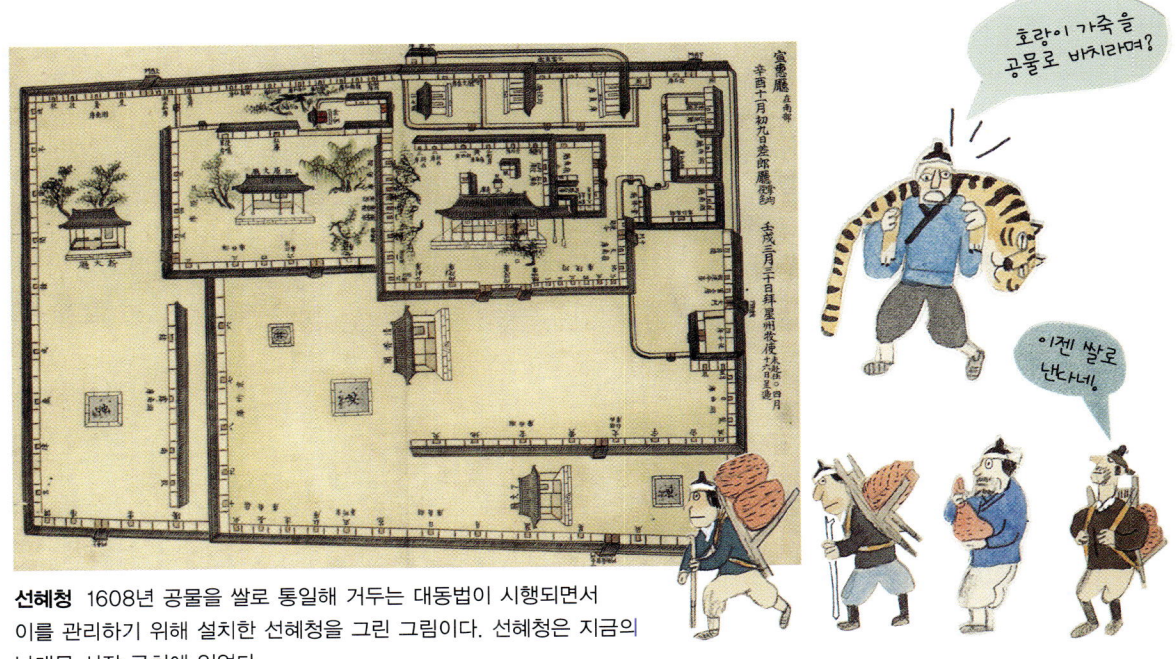

선혜청 1608년 공물을 쌀로 통일해 거두는 대동법이 시행되면서 이를 관리하기 위해 설치한 선혜청을 그린 그림이다. 선혜청은 지금의 남대문 시장 근처에 있었다.

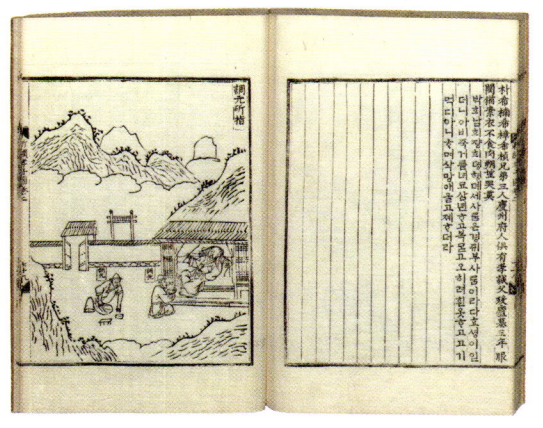

『동국신속삼강행실도』 임진왜란 이후 조선의 충신, 효자, 열녀의 행적을 기록한 책이다. 광해군은 이 책을 널리 보급하여 전쟁으로 무너진 유교 질서를 바로잡으려 했다.

한편 전란으로 굶주리고 병든 백성들을 보살피는 일도 시급했어. 그래서 광해군은 그 무렵 어의로서 선조의 죽음을 막지 못했다는 이유로 귀양 가 있던 허준이 선조 때부터 쓰기 시작한 『동의보감』을 완성하도록 지원했어. 광해군 덕분에 훗날 동양 최고의 의학서로 평가받는 『동의보감』이 세상에 나올 수 있었지. 이 책에는 주변에서 쉽게 찾을 수 있는 조선의 약재를 이용한 처방법이 실려 있어서 가난한 백성들이 질병을 치료하는 데 큰 도움이 되었단다.

광해군은 문화 방면도 소홀히 하지 않고 『용비어천가』, 『경국대전』, 『악학궤범』, 『신증동국여지승람』 등 전쟁으로 불타거나 없어진 책들을 다시 펴냈어. 또 충신과 효자, 열녀의 행적을 담은 『동국신속삼강행실도』를 펴내 전쟁으로 무너진 유교 윤리를 바로잡으려 애썼단다.

전후 복구 사업의 하나로 임진왜란 때 불타 버린 창덕궁과 창경궁도 다시 지었어. 왕이 머물며 나랏일을 보는 궁궐이 제 모습을 갖추어야 왕권을 다시 세우고 나라도 제대로 일으킬 수 있다고 생각한 거야.

【 실리적인 중립 외교 정책을 펼치다 】

광해군이 왕위에 오를 무렵 중국을 둘러싼 국제 정세는 급박하게 돌아가고 있었어. 200여 년 동안 동북아시아의 최강국으로 군림하던 명나라는 관리들의 부패가 심해 반란이 끊이지 않은 데다 임진왜란 때 조선에 지원병을 파견한 것이 부담으로 작용해 국력이 약해졌어. 이 틈을 비집고 압록강 북쪽 만주 지방의 여진족이 힘을 키워 명나라를 위협하기 시작했지. 조선과 국경을 맞대고 있는 여진족의 성장은 조선에도 큰 위협으로 다가올 수밖에 없었어. 여진족은 그 뒤 나라 이름을 '후금'이라 정하고 명나라를 본격적으로 공격하게 된단다.

그런가 하면 일본은 임진왜란 뒤 정권을 잡은 도쿠가와 이에야스가 조선과의 국교를 계속 요청해 왔어. 조선은 선조 때 일본에 통신사를 보내 전쟁 포로를 데려오긴 했지만, 정식으로 국교를 맺은 상태는 아니었어. 광해군은 계속되는 일본의 요청에 따라 결국 1609년에 일본과 정식으로 국교를 다시 맺었어. 조정에서는 원수 같은 일본과 국교를 맺는 데 반대했지만, 북방 여진족의 위협이 도사리고 있는 마당에 일본과 관계가 어그러지면 또 전쟁이 일어날지도 모르기 때문이었지.

광해군은 국제 정세를 세심히 살피는 한편, 만일에 대비해 국방 강화에 힘을 쏟았어. 군사들의 훈련을 수시로 점검하고, 조총을 주로 만들던 조총청을 확대 개편하여 화기도감이라는 기관을 새로 만들어서 무기 제작에도 심혈을 기울였지. 화기도감에서는 조총보다는 불랑기, 삼안총 같은 화포를

 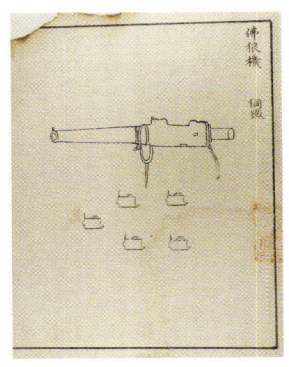 

『화기도감의궤』 화기도감에서 불랑기, 삼안총 같은 여러 가지 화약 무기를 제조한 과정을 글과 함께 그림으로 상세하게 정리한 책이다. 무기에 관한 내용을 다룬 유일한 의궤로, 광해군이 국방을 튼튼히 하기 위해 노력했음을 알 수 있다.

많이 만들었어. 북방 민족인 여진족의 주력군이 기마병이었기 때문에 들판에서 조총으로 맞서기보다는 성에서 화포로 막는 게 더 유리하다고 판단했던 거야.

그러던 참에 여진족의 누르하치가 세운 후금이 1618년 마침내 명나라에 선전 포고를 했어. 어려움에 빠진 명나라는 조선에 구원병과 전쟁 물자를 요청해 왔어. 임진왜란 때 명나라가 도와주었으니 이번엔 조선이 그 은혜를 갚으라는 거였지.

조선의 관리들은 임진왜란 때 구원병을 보내 준 명나라에 마땅히 은혜를 갚아야 한다며 목소리를 높였어. 하지만 광해군은 전쟁 후유증으로 조선은 군사를 보낼 형편이 못 된다며 지원군 파견을 계속 미루었어.

후금의 압박에 시달리던 명나라가 군대를 보내 달라고 거듭 재촉해 오자, 광해군은 고민 끝에 1618년 7월 강홍립을 총사령관으로 삼아 1만여 명의 군사를 보내기로 결정했어. 그러고는 비밀리에 강홍립을 따로 불러 말했지.

"명나라가 임진왜란 때 군대를 보내 준 것을 생각해서 어쩔 수 없이 지원병을 보내긴 하오만, 명나라는 국력이 다해 후금에 질 것이 뻔하오. 그러니 남의 싸움에 힘 빼지 말고 전쟁 상황을 잘 살펴서 대처하시오."

광해군의 말은 곧 우리 군사들의 피해를 최대한 줄이고, 조선이 후금과 싸우고 싶지 않다는 뜻을 알려 후금이 조선을 침략하지 않도록 잘 처신하라는 뜻이었어. 실제로 강홍립은 명나라군과 연합해서 적당히 싸우다가 후금 군대에 항복했단다.

후금은 자기들과 싸울 뜻이 없다는 광해군의 의도를 알아차리고 화친을 요구하는 사신을 조선에 보내왔어. 명나라와 결전을 앞두고 있는 시기에 조선이 명나라를 돕는 건 막아야 했거든. 조정 대신들은 명나라의 원수인 북방의 오랑캐 후금과 화친하는 것을 격렬하게 반대했어. 심지어는 나라가 망

할지언정 어떻게 명나라의 은혜를 저버릴 수 있겠느냐는 신하들도 많았지. 이렇게 신하들은 대의와 명분에 사로잡혀 현실을 냉정히 보지 못했어.

하지만 광해군은 힘이 약해진 명나라와 동북아시아의 새로운 강자로 떠오른 후금 사이에서 어느 한쪽에도 기울지 않는 외교 정책을 펴는 것이 가장 현명한 길이라고 판단했어. 무엇보다 전쟁으로 인한 피해를 복구하는 것이 가장 절실한 상황이었기 때문에 백성들을 다시 전쟁 속으로 몰고 갈 수는 없었지. 결국 당시 국제 정세를 잘 읽은 광해군의 중립 외교 정책 덕분에 조선은 전쟁에 휘말리지 않을 수 있었단다.

【왕위를 지키기 위해 동생을 죽이고 어머니를 내쫓다】

이처럼 광해군은 민생 안정 정책으로 전란의 상처를 회복하는 데 힘쓰는 한편, 국방을 튼튼히 하고 명분보다는 실리적인 중립 외교를 펼쳐 나라 안팎의 어려움을 잘 헤쳐 나갔어.

　하지만 후궁의 둘째 아들로 불안한 왕세자 자리에 있다가 어렵사리 왕위에 오른 만큼 광해군은 왕위를 위협하는 반대 세력을 끊임없이 견제해야 했어. 즉위 초에는 정치적인 생각이 다른 신하들도 중요 관직에 골고루 등용해 나라를 다스렸지만, 점점 자신에게 반대하는 사람들을 귀양 보내거나 역모 죄로 몰아 처형하는 일이 잦아졌지. 실제로 맏아들 임해군 대신 둘째인 광해군이 왕위에 오른 것을 의심한 명나라에서는 진상을 파악하기 위해 조사단을 파견하기도 했고, 임해군은 왕위를 도둑맞았다며 광해군을 헐뜯고 다녔어. 결국 임해군은 강화도로 귀양 갔다가 죽음을 맞게 돼.

　세자 후보에 올랐던 영창 대군도 광해군에게 여전히 위협적인 존재였어. 영창 대군을 지지하는 세력이 언제 자신을 내쫓고 영창 대군을 왕위에 올릴지도 모르는 일이었지. 이런 광해군의 마음을 누구보다도 잘 읽었던 이이첨은 반대 세력을 제거하는 데 앞장서며 권력을 키워 나갔어.

　그런데 광해군이 왕위에 오른 지 5년쯤 되었을 때 엉뚱한 곳에서 역모 사건이 터졌어. 고위급 관리들의 서자 일곱 명이 문경에서 은을 파는 상인을 죽이고 은을 빼앗은 사건이 일어났는데, 이들이 심문받는 과정에서 역모 죄를 실토한 거야. 거사 자금을 마련해 영창 대군의 외할아버지인 김제남을 중심으로 왕과 세자를 죽이고 영창 대군을 왕으로 세우려 했다고 말이야.

　미심쩍은 점이 많았지만, 그러잖아도 영창 대군을 경계하고 있던 광해군으로서는 영창 대군을 제거할 좋은 구실이 생긴 셈이었지. 광해군은 곧바로 김제남과 그 일가족을 처형하고 영창 대군은 서인, 곧 왕족 신분이 아닌 평민으로 지위를 떨어뜨리고 강화도로 귀양 보냈어. 그 뒤 영창 대군은 끔찍한 죽음을 당하고 말아. 이이첨이 강화 부사 정항을 시켜 영창 대군을 작은 방에 가두고는 쉴 새 없이 불을 때서 데워 죽였다고 해.

뒤늦게 영창 대군이 죽었다는 소식을 들은 인목 대비는 광해군을 원망하며 칼을 갈았어. 아버지 김제남이 반역 죄인으로 처형당하면서 풍비박산이 난 친정만 생각해도 억장이 무너지는데, 아홉 살 난 어린 아들까지 처참하게 죽었으니 광해군을 원수로 여긴 것은 당연한 일이었지.

이이첨을 비롯한 집권 세력은 인목 대비 또한 역적의 딸로 역모 사건과 관련이 있으니 궁궐에서 내쫓아야 한다고 주장했어. 하지만 유교 국가인 조선에서 어머니를 내쫓는 일은 불효 중의 불효로 인식되어 반대하는 의견도 만만치 않았지. 그러나 원수 사이가 된 광해군과 인목 대비가 어머니와 자식 관계로 한 궁궐에서 지내는 건 몹시 불편했어. 마침내 광해군은 인목 대비를 경운궁(지금의 덕수궁)에 가두고 군사를 배치해 사람들이 함부로 드나들지 못하게 했어. 인목 대비도 궁에서 한 발짝도 나갈 수 없었지.

광해군은 왕권에 가장 걸림돌이 되었던 영창 대군을 제거하고 인목 대비까지 폐위해 궁에 가두면서 정치적인 부담감을 던 것처럼 보였어. 하지만 이 사건들은 집권 세력에 눌려 있던 반대 세력을 더욱 뭉치게 하면서 반정을 일으키는 계기가 된단다.

석어당 광해군이 인목 대비를 경운궁에 가두었을 때 인목 대비가 거처했던 곳이다. 인목 대비는 이곳에서 5년 동안이나 갇혀 지냈다.

【 조선 역사상 두 번째 반정, 인조반정이 일어나다 】

1623년 3월 13일 어둠이 짙게 깔릴 무렵, 광해군을 왕위에서 몰아내기 위해 모인 반란군이 창덕궁으로 향했어. 반란군의 중심인물은 김류, 이귀, 김자점, 최명길, 이괄 등 광해군을 반대하는 세력이었어. 이들은 몇 년 전부터 광해군을 쫓아내고 선조의 손자인 능양군을 왕위에 올릴 거사를 준비해 왔어. 능양군은 광해군의 이복형제인 정원군의 아들인데, 광해군에 의해 동생 능창군이 죽자 광해군을 몰아내고 왕위에 오를 결심을 했다고 해.

반란군이 창덕궁에 이르자 이미 반란군과 내통하고 있던 훈련대장 이흥립이 궁궐 문을 열어 주었어. 어렵지 않게 궁궐을 점거한 반란군은 광해군의 침소로 들이닥쳤어. 그러나 반란군이 궁궐을 점거했다는 것을 안 광해군이 급히 궁궐을 빠져나간 뒤였지. 피신해 있던 광해군은 곧 체포되었어.

반정을 일으킨 세력은 반란의 주요한 명분으로 폐모살제, 곧 광해군이 어머니를 내쫓고 동생을 죽인 죄와 무리한 궁궐 공사로 백성을 도탄에 빠지게 한 죄, 그리고 명나라를 배신하고 오랑캐인 후금에 호의를 베푼 죄를 들었어. 그러고는 능양군을 왕위에 앉혔는데, 그가 바로 조선 역사상 두 번째로 반정을 일으켜 왕위에 오른 인조란다. 이를 '인조반정'이라고 해.

왕위에서 쫓겨난 광해군은 강화도와 제주도로 유배지를 옮겨 다니다가 제주도에서 67세의 나이로 숨을 거두었단다.

광해군 묘 광해군은 인조반정으로 왕위에서 쫓겨났기 때문에 무덤도 왕의 무덤을 뜻하는 '능' 대신 '묘'라는 호칭을 붙이고 간소하게 만들었다. 왼쪽이 광해군의 무덤이고, 오른쪽이 부인 유씨의 무덤이다.

【광해군의 빛과 그림자】

광해군은 보통 '조(祖)'와 '종(宗)'으로 일컬어지는 조선의 여느 왕들과는 달리 연산군과 함께 '군'이라는 왕자 시절의 호칭으로 남아 있어. 왕위에 있는 동안 폭정을 일삼아 집권 세력과 반대 세력 모두에게 폭군으로 인식되어 왕위에서 쫓겨난 연산군은 그리 억울할 것도 없겠지만, 광해군의 경우는 조금 달라. 광해군은 폭정을 했거나 폭군이어서 쫓겨났다기보다는 권력에서 소외된 세력이 잃어버린 권력을 되찾으려는 정치적인 목적 때문에 쫓겨났다고 볼 수 있어. 그동안 광해군이 폭군으로 인식되어 온 바탕에는 광해군을 몰아내고 인조를 왕위에 올린 반정 세력이 자신들의 행위가 정당했다는 것을 강조하기 위해 의도적으로 광해군을 폭군으로 몰아간 측면이 강했어.

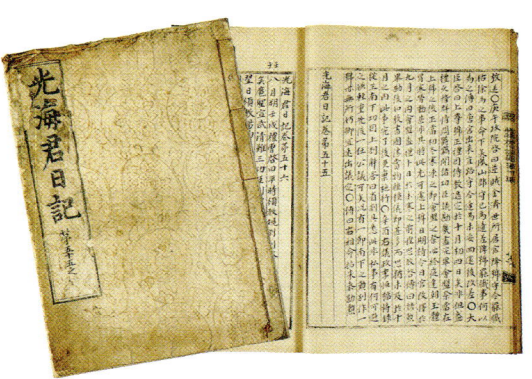

『광해군일기』 광해군이 왕위에 있던 시기의 일을 기록한 책이다. 『조선왕조실록』 가운데 연산군과 광해군의 것만 실록이 아닌 일기라는 이름으로 남아 있다. 국보 151호.

광해군은 국내 정치와 외교 분야에서 훌륭한 성과를 거두었어. 그러나 광해군을 쫓아낸 반대 세력에게 그는 한낱 동생을 죽이고 어머니를 폐위시킨 패륜적인 왕, 전통적인 국제적 신의를 저버린 인물, 탐욕에 눈이 멀어 무리한 궁궐 공사로 백성을 고역에 빠지게 한 왕으로밖에 비치지 않았어. 이들이 광해군의 중립 외교를 명나라에 대한 의리를 저버린 배신 행위로 비난함으로써 광해군의 실리 외교는 조선 시대 내내 빛을 보지 못했지.

그러나 한반도를 둘러싸고 세계 열강이 치열하게 경쟁하고 있는 오늘날에는 광해군이 보여 주었던 능동적인 실리 외교의 지혜가 더욱 뜻깊게 다가오고 있단다.

키워드 + 강홍립

중립 외교의 선봉에 선 비운의 장군

강홍립은 원래 선조 때 문과에 급제한 문관으로, 명나라를 오가며 외교관으로 활약했어. 광해군이 즉위한 뒤에는 함경도 병마절도사를 지내며 국경 지방의 방비를 맡았고, 군부대를 조사하고 살피는 순검사를 지내기도 했지. 그런 까닭에 강홍립은 중국어도 유창하게 잘했고, 국경 지대에 접한 후금의 정세에도 밝았어. 강홍립이 광해군의 중립 외교를 실행하는 선봉장으로 선 데에는 그의 이런 내력이 한몫을 했다고 해.

1618년 명나라가 후금에 맞서기 위해 조선에 구원병을 요청해 왔을 때 조정 대신들과 유생들은 대부분 명나라에 은혜를 갚아야 한다고 목소리를 높였어. 광해군을 지지하는 집권 세력마저도 같은 생각이었지. 하지만 강홍립은 광해군이 명나라의 요구에 왜 선뜻 응하지 않는지 잘 알고 있었어. 강홍립 또한 아직 전쟁의 상처가 채 아물지 않은 상황에서 조선이 명나라와 후금의 전쟁에 휘말려 백성들을 다시 전쟁의 소용돌이 속으로 몰아넣는다면 조선은 이제 돌이킬 수 없는 지경에 이를 것이라고 판단했어.

강홍립은 군사들을 이끌고 명나라로 떠나기 전 광해군이 자신에게 내린 비밀 명령을 되새기며 명나라로 향했어. 강홍립이 이끄는 군대가 얼마나 천천히 행군했는지, 7월에 한양을 출발했는데 겨울이 되어서야 압록강 변에 도착했다고 하는구나. 명나라의 지원군 파병 요구에 응하면서도 최대한 후금과의 전투를 피하라는 광해군의 명을 따른 것이지.

그러나 후금과의 전쟁은 피할 수 없었어. 조선군은 심하에서 명나라와 연합해 후금군과 전투를 벌이게 되었어. 후방을 맡은 강홍립은 부하들에게 싸우는 척하며 시간을 벌라고 했어. 그런데 전방을 맡은 명나라군이 크게 밀리자 강홍립이 미처 말릴 새도 없이 부하 장수 김응하가 군사를 끌고 후금군과 맞서 싸우다가 많은 조선 군사들이 목숨을 잃고 말았단다. 강홍립은 전세가 후금군 쪽으로 확실히 기울었다고 판단하고 더 큰 희생을 막기 위해 후금군에 항복했어. 마침 후금군은 명나라와 싸우기도 버거웠던 터라 강홍립의 항복을 받아 주었지.

강홍립의 항복은 광해군의 뜻이기도 했지만, 전쟁터에서 부하들의 목숨을 지키기 위한 스스로의 결단이기도 했어. 이렇게 해서 강홍립은 조선의 장수를 비롯해 8천여 명의 군사들과 함께 후금의 포로가 되었단다.

강홍립의 항복 강홍립이 광해군의 명에 따라 후금에 항복한 장면을 그린 그림이다. 정조 때 편찬한 『충렬록』에 실려 있다.

강홍립이 항복했다는 소식을 들은 조정 대신들은 오랑캐에 맞서 제대로 싸워 보지도 않고 항복한 강홍립과 그 가족을 처단해야 한다고 주장했어. 명나라에서도 조선군이 일부러 항복한 것 아니냐고 의심하면서 군사를 더 보내라고 조선에 요구했어. 광해군은 지난 싸움에서 김응하와 조선 군사들이 얼마나 열심히 싸웠는지 설명하고, 실제로 명나라에 그런 사실을 알리기 위해 함경북도 종성과 경원 등 중국 사신이 주로 다니는 곳에 김응하를 기리는 사당을 짓게 했어. 곳곳에 김응하의 전투 과정을 자세히 새긴 비석도 세웠지.

이후 강홍립은 후금 진영에서 포로와 비슷한 신세로 지내면서도 조선과 후금 사이에 평화가 유지될 수 있도록 애썼어. 후금에 관한 정보를 적은 밀서를 노끈에 꼬아 숨겨서 광해군에게 몰래 전달해 후금에 대한 정책을 펴는 데 도움을 주었지. 그러는 한편 예순이 다 된 나이에도 후금의 황제 누르하치와 함께 전쟁터에 나가 싸우며 조선이 명나라를 도울 뜻이 없음을 증명하기도 했단다. 강홍립의 이런 노력 덕분에 후금이 명나라와의 싸움에서 크게 승리하자, 누르하치는 강홍립을 비롯한 약간의 군사들만 후금에 남기고 나머지 조선 군사들은 조선으로 돌려보내 주었어.

광해군이 왕위에 있을 때는 신하들이 강홍립을 처단해야 한다고 아무리 강하게 주장해도 강홍립과 그 가족을 끝까지 보호해 주었어. 하지만 인조반정으로 광해군이 쫓겨나자 강홍립에 대한 비난도 점점 거세어졌지. 광해군을 쫓아낸 가장 큰 이유로 광해군이 명나라를 저버리고 오랑캐인 후금에 호의를 베풀었던 것을 든 만큼, 인조와 반정 세력은 자연히 명나라를 가까이하고 후금을 멀리하는 정책을 폈어. 이에 따라 광해군의 중립 외교를 실제로 수행한 강홍립에 대한 비판도 한층 거세어졌지. 반정 세력은 강홍립을 '강 오랑캐'라 부르며 조선에 있는 그의 가족을 탄압했어. 사정이 이렇다 보니 강홍립은 조선에 돌아올 수 없었어.

그런데 결국 강홍립은 후금이 조선을 침략할 때 조선의 지리에 익숙하다는 이유로 후금군을 이끌고 조선에 들어오는 비극적인 운명을 맞게 돼. 하지만 강홍립은 자신이 조선의 신하임을 잊지 않았어. 죽음을 무릅쓰고 강화도로 피신해 있던 인조를 만나 후금과 평화 협상을 하도록 도왔지. 또 후금 군대가 철수할 때도 조선 사람을 살육하지 못하게 끝까지 애썼단다.

후금이 물러간 뒤 강홍립은 마침내 조선에서 살게 되었어. 그러나 '배신한 신하'라는 비난을 받으며 얼마 뒤 쓸쓸히 죽고 말아. 죽고 나서도 그는 오랑캐에게 나라를 판 매국노로밖에 대접받지 못했어. 하지만 이제 우리는 광해군의 중립 외교와 함께 그것을 몸소 수행한 강홍립의 역할과 노력도 다시 평가해야 하지 않을까?

강홍립의 무덤 강홍립은 조선에 돌아온 지 얼마 안 돼 병으로 세상을 떠났다. 서울시 관악구 신림동에 그의 무덤이 있다.

키워드 02　　**동의보감**

조선 최고의 의학서

『동의보감』은 조선 시대 최고의 명의 허준이 쓴 의학책이야. 동의는 '조선의 의학', 보감은 '다른 사람에게 본보기가 될 보배로운 책'이라는 뜻이란다. 제목과 저자에 관해서는 많이 들어 봤을 거야. 소설과 텔레비전 연속극에 나오는 허준의 이야기가 『동의보감』을 널리 알리는 데 큰 역할을 했지. 그런데 소설이나 연속극 같은 허구의 삶이 아니라 진짜 허준의 삶과 『동의보감』의 내용을 우리는 얼마나 알고 있을까?

【 조선 최고의 의원이 되다 】

허준은 『동의보감』을 쓴 조선 최고의 의원이라고 널리 알려져 있지만, 정작 그의 삶과 관련해서는 별로 알려진 게 없단다. 『조선왕조실록』에는 어의로서 임금을 진료했다는 정도만 기록돼 있어. 허준이 언제 태어나고, 언제 죽었는지, 어떻게 살았는지는 잘 알 수가 없지. 조선 시대에는 중인 신분인 의원을 중요하게 여기지 않았기 때문에 기록이 별로 없는 거야.

중인들의 삶을 기록한 『이향견문록』이라는 책에서는 허준을 이렇게 소개하고 있어.

"허준은 어려서부터 배우기를 좋아하여 경전과 사서에 통달하였고, 특히 의학에 정

허준 초상화

통했다. 호는 구암이며, 태의로 품계가 숭록대부(정1품)에 이르렀다."

허준에 관한 또 하나의 기록이 있는데, 선조 때 유학자 유희춘이 쓴 『미암일기』야. 이 책에 따르면, 유희춘은 허준의 의술이 뛰어나다는 소문을 듣고 허준에게 자신과 부인의 치료를 부탁했대. 병이 낫자 유희춘이 주변 친구들에게 허준을 소개해 주었는데, 이것이 인연이 되어 허준이 내의원(왕실 의료 기관)의 의원이 되었다고 해.

이렇게 허준에 관한 직접적인 기록은 얼마 되지 않지만, 지금까지 허준을 연구한 사람들이 알아낸 것을 들려줄게.

허준은 1539년에 태어났어. 아버지는 허논, 어머니는 영광 김씨, 형제로는 허옥과 허징이 있었어. 아버지 허논은 무과 급제자 출신으로 부안, 용천, 종성 등 북방 지역과 전라도의 지방관을 지냈지. 어머니 영광 김씨는 허논의 정식 부인이 아닌 첩이었어. 그러니까 허준은 양반인 아버지와 첩인 어머니 사이에서 태어난 서자였던 거야.

경혈을 나타낸 인체상
침 놓는 자리를 정확하게 표시한 인체 모형이다. 내의원에서 사용하던 것으로 추정된다.

허준은 어려서부터 배우기를 좋아해 유교 경전과 중국·조선의 역사책에 통달했다고 해. 그렇지만 첩의 자식이라는 신분 때문에 과거를 보아 관직에 나아갈 수가 없었어. 벼슬길이 막힌 허준은 의학에 관심이 많은 친척의 영향을 받아 의학 공부를 하게 되었어. 열심히 의학을 공부하고 의술을 갈고 닦은 덕분에 한양까지 이름이 알려졌지.

그러다가 유학자 유희춘을 치료해 주었는데, 허준의 의술에 감탄한 유희춘이 이조 판서 홍담에게 허준을 추천하여 내의원에서 일하게 되었어. 허준은 내의원에서 양예수 같은 뛰어난 의원들과 함께 왕실 사람들의 건강을 돌보며 의술을 더욱 발전시켰단다.

허준은 1581년 선조의 명을 받아 한의학의 기초가 되는 『맥경』을 출간했고, 1590년에는 광해군의 병을 치료한 공으로 높은 벼슬자리에 올랐어. 임진왜란이 일어났을 때는 선조를 따라 의주로 피란을 가서 왕의 건강을 돌보는 어의로서 최선을 다해 선조의 큰 신임을 받았단다.

『동의보감』을 편찬하다

임진왜란은 많은 사람들을 죽게 만들고, 살아남은 사람도 평생을 다친 몸으로 살아야 하는 고통을 남겼어. 전쟁을 치르는 동안 농사를 제대로 지을 수 없어 먹을 것을 구하지 못하자, 굶주림에 시달리다가 죽는 사람도 많았단다. 죽은 사람들을 제대로 묻어 주지 못하면서 각종 질병이 퍼져 전염병까지 나돌았지.

이에 선조는 1596년 허준에게 전쟁과 기근에서 백성을 구제할 수 있는 의학책을 편찬하라는 명을 내렸어.

"중국의 의학책은 번잡하기만 하고 참고하기가 어렵다. 예부터 전해 오는 처방 가운데 번잡하고 효과가 적은 것은 버리고, 정말로 보배가 됨 직한 처방만을 골라 새로운 의학책을 만들라."

선조의 명에 따라 허준은 총책임자가 되어 내의원에 편찬국을 설치했어. 양예수, 김응탁, 이명원, 정예남 등 뛰어난 의원들이 새 의서를 편찬하는 데 참여했지. 하지만 정유재란이 일어나 이들이 각지로 흩어지는 바람에 의학책 편찬은 중단되고 말았어.

전쟁이 끝나자 허준은 다시 선조의 명을 받고 혼자 의학책을 쓰기 시작했어. 우리나라 의학책인 『향약구급방』과 『의방유취』를 비롯해 중국의 의학책까지 500여 권의 방대한 의학책을 모두 뒤져 가며, 조선에 꼭 필요하고 효과적인 처방만을 골라내 자신의 경험을 덧붙이는 등 편찬 작업에 몰두했단다.

그런데 선조가 병으로 갑자기 세상을 떠나면서 또 한 번 위기가 찾아왔어. 수석 어의였던 허준이 왕을 제대로 돌보지 못했다는 책임을 지고 귀양을 가게 된 거야. 하지만 허준은 광해군의 도움으로 귀양살이를 하는 와중에도 편찬 작업을 계속할 수 있었어.

1610년, 드디어 『동의보감』이 완성됐어. 편찬 작업을 시작한 지 꼭 15년 만이었지. 허준의 나이 71세 때의 일이었어. 광해군은 크게 기뻐하며 『동의보감』을 간행하여 널리 보급하게 했어.

허준은 그 뒤에도 전염병이 크게 돌자, 이를 치료하기 위한 새로운 의학책인 『신찬벽온방』과 『벽역신방』 등을 편찬했어. 그리고 1615년 76세로 세상을 떠났단다. 조선 백성을 위한 의학 연구와 치료에 일생을 보낸 셈이지.

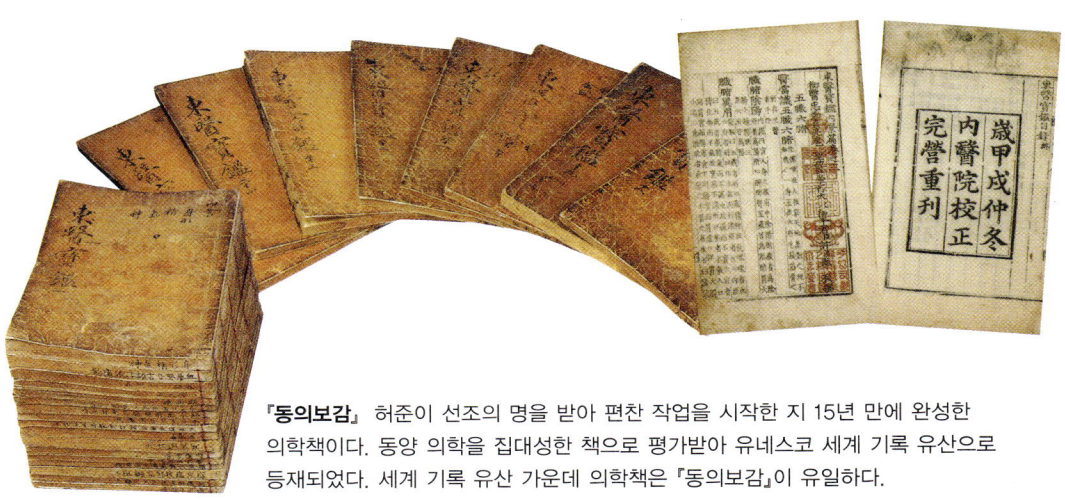

『동의보감』 허준이 선조의 명을 받아 편찬 작업을 시작한 지 15년 만에 완성한 의학책이다. 동양 의학을 집대성한 책으로 평가받아 유네스코 세계 기록 유산으로 등재되었다. 세계 기록 유산 가운데 의학책은 『동의보감』이 유일하다.

『동의보감』은 어떤 책일까?

당시 중국에서는 의학권을 북쪽의 의학인 북의와 남쪽의 의학인 남의로 나누었어. 그런데 허준은 중국과 조선을 포함한 동북아시아의 의학권을 북의·남의·동의로 나누었어. 동의는 조선의 의학을 가리켜. 중국의 의학인 북의·남의와 조선의 의학인 동의를 나란히 놓음으로써 조선 의학이 중국 의학 못지않다는 자부심을 나타내고자 한 거야.

실제로 『동의보감』의 명성은 중국에까지 널리 알려져 조선에 온 중국 사신이라면 꼭 구해 가려고 애쓸 만큼 중국에서 큰 인기를 끌었어. 중국에서는 『동의보감』을 "백성을 보호해 주는 신선의 경전"이라고 칭송하는가 하면 "『동의보감』을 보급하는 것은 천하의 보배를 나누어 갖는 일"이라며 극찬을 아끼지 않았단다.

『동의보감』의 가장 큰 특징은 내용이 체계적으로 잘 짜여져 있다는 점이야. 먼저 『동의보감』은 내경·외형·잡병·탕액·침구라는 5개의 큰 분야로 나뉘어 있어. 5개의 큰 분류 아래 분야별로 항과 목이 달려 있고, 그 항

『동의보감』 책갑 『동의보감』을 귀한 책으로 여겨서 책을 담는 상자를 만들어 보관하기도 했다.

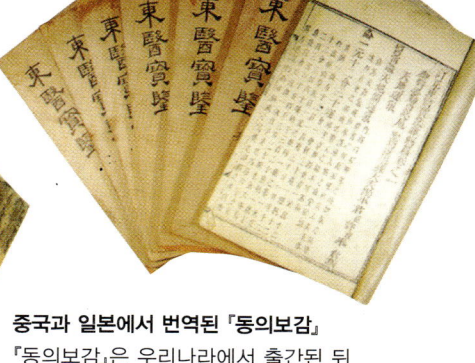

중국과 일본에서 번역된 『동의보감』
『동의보감』은 우리나라에서 출간된 뒤 중국과 일본에도 소개되어 널리 읽혔다.

목 밑에 질병에 따른 처방이 자세하게 정리되어 있지. 한마디로, 사전식으로 구성되어 언제든 손쉽게 처방법을 찾아볼 수 있는 실용적인 의학 백과사전이라고 할 수 있어.

내경 편은 사람의 몸에 관한 내용과 몸속의 질병, 곧 지금의 내과에 해당하는 병을 다루고, 외형 편은 얼굴, 코, 입, 귀, 치아, 피부 등과 지금의 외과에 해당하는 질병을 다루고 있어. 잡병 편은 그 밖의 여러 가지 질병을, 탕액 편은 약의 성분과 약효, 채취 시기 등 약물에 관한 지식을, 침구 편은 침과 뜸을 놓는 방법과 위치 등을 자세히 기록해 놓았단다.

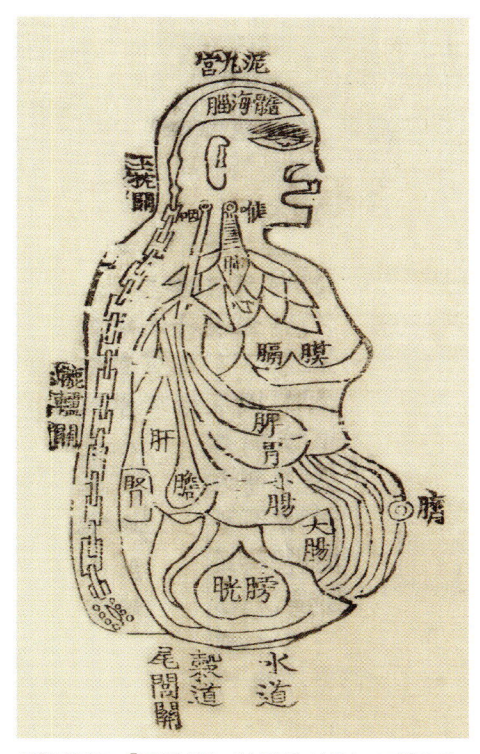

신형장부도 『동의보감』 첫 장에 나오는 그림으로 인체의 장기와 그 특징을 그린 것이다. 기의 흐름과 오장육부가 작용하는 원리를 보여 준다.

허준은 질병 치료 방법 말고도 정신 수양의 필요성과 병이 생기지 않도록 미리 예방하는 방안까지 기록해 백성들이 건강에 신경 쓰게 했어. 약재들 이름 밑에는 민간에서 부르는 이름을 한글로 써 놓아 쉽게 약을 구할 수 있도록 했지.

『동의보감』은 동양 최고의 의학서로 인정받아 중국은 물론 일본, 베트남 등에 전해졌어. 지금도 우리나라와 중국, 일본에서 계속 간행되어 널리 읽히고 있지. 『동의보감』은 한의학을 공부하는 사람이라면 꼭 봐야 하는 책이란다.

의약기

『동의보감』을 비롯해 우리 실정에 맞는 다양한 의학서가 보급되면서 조선의 의학 수준도 한층 높아졌다. 약재 전문 시장인 약령시가 열려 각종 약재가 활발하게 거래되었고, 약초와 약재를 약으로 만드는 데 쓰는 의약기도 더욱 다양해지고 발달했다.

침

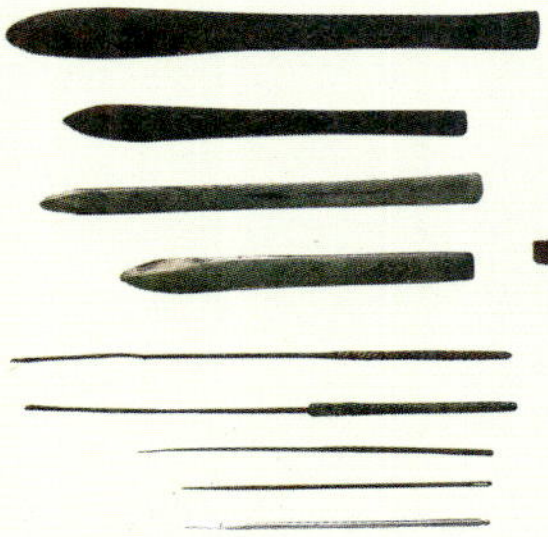

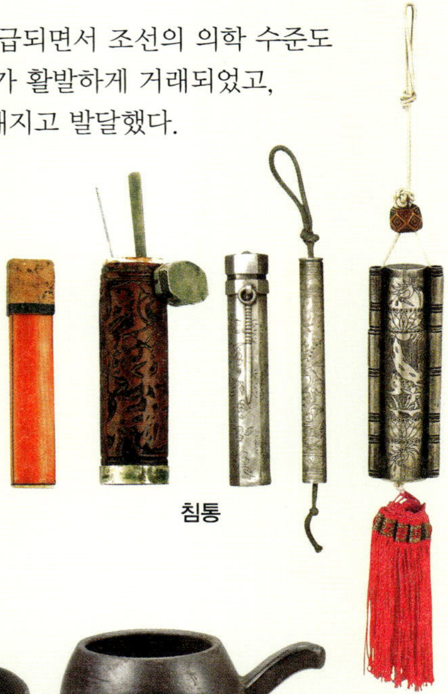

침과 침통 침은 조선 시대에 가장 널리 쓰인 의료 기기로, 침통에 넣거나 천에 꽂아서 안전하게 보관했다.

침통

약솥과 약탕기 약을 달일 때 썼다. 손잡이나 주둥이가 달리고 다리가 붙는 등 종류가 많았다.

약솥과 화로

약탕기

약절구와 약연 약을 가루로 만들 때는 약절구통에 넣고 공이로 빻거나, 약연의 움푹 파인 부분에 약을 놓고 연알을 앞뒤로 굴려 빻았다.

약절구

약연

약틀 달인 약재를 헝겊에 싸서 약물을 눌러 짜내는 기구이다. 약틀의 가운데 구멍 아래로 약물이 떨어지게 돼 있다.

약작두 가위로 자르기 힘든 약재는 약작두로 썰었다.

약수저와 약국자 약을 섞거나 덜어 낼 때 썼다. 숟가락은 양쪽을 모두 이용하게끔 만든 것도 있다.

배밀이 배가 아프면 따뜻하게 데운 배밀이로 배를 덥혔다.

약 망태기와 채약 도구 꼬챙이, 낫, 쇠스랑 등을 이용해서 캔 약초를 약 망태기에 담았다.

휴대용 약상자 편하게 들고 다닐 수 있게 위쪽에 손잡이가 달렸다.

약저울 막대 끝에 약재를 올리고 추를 움직여 무게를 달았다.

약장 약재를 보관하는 장으로, 보관할 약재의 종류가 많을 때는 서랍 하나에 칸막이를 만들어 쓰기도 했다.

키워드 03　**병자호란**

삼전도의 굴욕

광해군의 실리적인 중립 외교 정책으로 조선은 후금을 크게 자극하지 않으면서 후금의 침입을 막을 수 있었어. 하지만 광해군의 이러한 정책이 명나라의 은혜를 배반하는 일이라며 반정을 일으킨 세력은 후금을 배척하는 정책을 펼쳐 정묘호란을 불러왔고, 끝내는 후금과 형제 관계를 맺는 치욕을 당했어. 그 뒤로도 조선 조정은 아무 대비도 없이 오랑캐 나라와 화친할 수 없다는 명분만 내세워 또 한 번 큰 위기를 맞게 돼. '청'으로 나라 이름을 바꾼 후금이 10만 대군을 이끌고 다시 쳐들어온 거야.

【 후금과 형제 관계를 맺다 】

광해군 정권을 무너뜨린 인조반정은 조선의 외교 정책 면에서도 큰 전환점이 되었어. 신흥 강대국인 후금과 명나라 사이에서 실리를 취하려 했던 광해군의 외교 정책은 인조반정에 성공한 세력에게 심한 비판을 받았지. 임진왜란 때 조선을 도와준 명나라에 대한 의리를 저버리고 오랑캐 나라인 후금과 외교 관계를 맺은 광해군 정권은 도덕성이 떨어진다는 거야. 당연히 반정 세력은 광해군과는 다른 외교 정책을 펼쳤어.

　반정 세력은 명나라와 친교를 맺고 후금을 물리친다는 '친명 배금' 정책을 고수했어. 그러나 후금은 이제 오랑캐로 멸시받는 작은 나라가 결코 아니었어. 오히려 명나라를 넘어서는 군사 강국으로 성장해 있었지.

　후금은 일찍부터 친명 배금 정책을 내건 조선을 벼르고 있었어. 그러던 참에 조선에서 인조반정이 일어나 광해군이 쫓겨나자, 후금은 자기들에게

명나라로 가는 바닷길 청나라와 명나라 사이에서 중립 외교 정책을 펼친 광해군과 달리 인조는 친명 배금 정책을 펼쳤다. 인조의 즉위를 알리러 명나라로 떠나는 사신 행렬을 담은 그림이다.

호의를 보였던 광해군의 원수를 갚겠다는 구실을 내세워 1627년 조선을 침략했어. 정묘년에 오랑캐가 난을 일으켰다고 해서 이 전쟁을 '정묘호란'이라고 해.

후금은 3만 군사를 이끌고 압록강을 건너 순식간에 평안도 의주를 점령했어. 조선군은 부랴부랴 방어전을 펼쳤지만 후금군을 막지 못했지. 후금군이 황해도까지 거침없이 내려오자 인조와 신하들은 전세가 불리하다는 것을 깨닫고 강화도로 피란을 떠났단다.

후금은 황해도 평산에 머무르면서 전쟁을 끝내자며 조선 조정에 화친을 제안했어. 어차피 후금은 조선이 명나라와 힘을 합치지 못하도록 압박하는 게 목적이었기 때문에, 조선에 오래 주둔하기는 부담스러웠던 거야.

강화도에 피신해 있던 조선의 관리들은 후금과 화친해서 전쟁을 끝내야 한다는 주화파와 후금에 굴복해서는 안 된다는 척화파로 나뉘어 치열한 논

전쟁의 상처를 극복하다 35

쟁을 벌였어. 하지만 조선 조정은 후금군에 맞서 싸울 힘이 없다는 사실을 깨닫고 결국 후금과 화친하기에 이르렀지. 이때 조선은 후금과 형제 관계를 맺어 후금을 형으로 섬기고, 명나라와 후금 사이에서 중립을 지킬 것을 약속했어.

이렇게 해서 후금은 조선에서 물러갔지만, 조선은 여전히 후금을 오랑캐로 여기고 멸시했어. 오랑캐와 형제 관계를 맺은 것을 치욕스럽게 생각했기 때문에 후금에 맞서야 한다는 주장이 점점 더 힘을 얻었지. 그러나 조선은 후금에 맞설 수 있는 국방력을 갖추지 못한 채 명분만 내세운 외교 정책으로 후금을 더욱 자극하게 된단다.

【인조, 남한산성으로 피란을 가다】

정묘호란 이후 후금은 힘이 더욱 커져서 1636년에는 나라 이름을 '청'으로 바꾸었어. 청나라 태종은 스스로 황제라 칭하고, 중국을 지배하겠다는 야망을 더욱 키워 나갔지.

청나라는 명나라와 전쟁을 앞두고 조선에 군신 관계를 요구해 왔어. 청나라와 조선은 이제 형제 관계가 아닌 임금과 신하의 관계를 맺어야 한다는 거야. 명나라를 치기 전에 조선을 확실하게 장악하겠다는 속셈이었지.

청나라의 요구에 조선의 조정은 격분했어. 오랑캐 나라와 형제 관계를 맺은 것만도 치욕스러운데 임금의 나라로 섬겨야 한다는 건 더욱 안 될 말이었지. 김상헌을 비롯한 척화파는 청나라와의 전쟁을 준비해야 한다고 목소리를 높였어. 하지만 최명길을 비롯한 주화파는 청

청 태종 홍타이지

나라의 요구를 물리치면 승산 없는 전쟁을 치를 게 뻔하므로 사신을 보내 청나라를 달래야 한다고 주장했어. 양쪽의 논쟁 끝에 대세는 청나라에 강경하게 나가야 한다는 쪽으로 기울었지.

조선이 청나라의 요구를 거부하자 청 태종은 1636년 12월, 10만 군사를 이끌고 조선을 다시 침략했어. 이를 '병자호란'이라고 해.

청나라군은 기마병을 앞세워 얼어붙은 압록강을 건넌 지 엿새 만에 한양을 점령했어. 우왕좌왕하던 인조와 조정 대신들은 서둘러 강화도 피란길에 나섰어. 하지만 청나라군 선발대가 강화도로 통하는 길을 막았다는 소식에 하는 수 없이 남한산성으로 발길을 돌려야 했단다.

그런데 인조 일행이 남한산성에 도착한 지 얼마 안 되어 청나라 대군이 남한산성을 완전히 포위하고 말았어. 남한산성은 지형이 험해서 외적을 방

남한산성 경기도 광주에 있는 산성으로 병자호란 때 인조가 몸을 피한 곳이다. 인조는 남한산성 행궁에 머물며 청나라 군사에 맞섰다.

어하는 데는 유리하지만, 외부와 연락하기가 어려워 적에게 포위되면 완전히 고립되는 단점이 있었어. 보급로가 막혀 식량이나 군수 물자도 지원받지 못하고 모든 것을 성안에서 해결해야 했던 거야.

그렇지만 남한산성에는 비축해 놓은 식량이 별로 없었어. 인조와 군사들을 비롯한 성안의 사람들이 50일쯤 버틸 수 있는 양밖에 되지 않았지. 게다가 군사들은 거센 눈보라와 매서운 추위까지 견뎌 내야 했어. 그러니 싸움 결과는 뻔해 보였지.

청나라 군사들은 별다른 공격 없이 남한산성을 에워싼 채 성안 사람들이 굶주림과 추위에 지쳐 성 밖으로 나오기만을 기다렸어. 포위망을 구축하고 장기전에 들어간 거야.

그동안 조선과 청나라 사이에는 여러 차례 협상이 오갔어. 인조와 조정

남한산성도와 『남한일기』 남한산성은 험한 산으로 둘러싸여 있어서 청나라 군대에 포위당하자 고립될 수밖에 없었다. 인조가 남한산성에 들어온 때부터 청나라에 항복할 때까지의 상황이 『남한일기』에 자세히 기록되어 있다.

『남한일기』

대신들은 여전히 척화냐 화친이냐로 갈라져 입씨름을 벌였지. 그러는 사이에 1월 22일 강화도가 함락되고 그곳에 피란 가 있던 왕족과 관리들이 포로가 되면서 청나라와 화친을 맺어야 한다는 주장이 우세해졌어. 하지만 김상헌, 윤집, 홍익한, 오달제 등 척화파는 끝까지 싸우자며 화친을 거부했단다.

청나라 병사

끝내 최명길이 청나라에 화친을 청하는 항복 문서를 쓰기에 이르렀어. 이를 지켜보던 김상헌은 문서를 갈기갈기 찢으며 대성통곡했지. 그러자 최명길은 문서를 도로 붙이면서 이렇게 말했다는구나.

"나라를 위한 대감의 충성심은 모르는 바 아니지만, 나 또한 나라와 백성의 안전을 위해 이러는 것입니다. 대감께서 이 국서를 또 찢으시면 나는 다시 붙일 것입니다."

【 삼전도의 굴욕 】

1637년 1월 30일, 청나라에 항복하기로 결정한 인조는 남한산성을 내려가기로 했어. 남한산성으로 들어간 지 45일 만이었지. 왕이 직접 나아가 항복하는 것만은 피하고 싶었지만, 청나라 장수 용골대와 마부대는 조선의 국왕 인조가 어서 성 밖으로 나올 것을 재촉했단다.

인조는 죄인으로 취급되어 왕이 입는 곤룡포 대신 하급 관리가 입는 남색 옷을 입고 비통한 심정으로 삼전도로 향했어. 청나라의 지휘 본부가 있는 삼전도에는 청 태종이 높은 단 위에 거만한 자세로 앉아 있었지.

인조는 세자와 대신들이 지켜보는 가운데 청 태종에게 '삼배구고두'의 예를 행해야 했어. 삼배구고두란 세 번 절하고 머리를 아홉 번 조아리는 항복 의식을 말해. 인조는 무릎을 꿇고 두 손을 땅에 대고 세 번 절했어. 그리고 한 번 절할 때마다 이마를 땅에 세 번씩 조아렸지. 그런데 청나라 대신이 인조에게 제대로 하지 않는다고 호령하자, 인조는 이마를 땅바닥에 세게 찧어야 했어. 이때 인조의 이마에 피가 맺혔다는 이야기가 전해질 정도로 그 광경이 몹시 참담했다고 해. 이것이 조선 역사상 가장 굴욕적인 항복이라 일컬어지는 '삼전도의 굴욕'이란다.

삼전도의 굴욕은 조선 왕실뿐 아니라 조선 역사에 씻을 수 없는 상처를 남겼어. 이제까지 오랑캐라고 멸시하던 청나라에 힘 한번 써 보지 못하고

처참하게 당한 치욕이기에 왕과 신하, 백성 모두 피눈물을 흘렸어. 유교 문화 국가로 자부해 왔던 민족적 자존심도 여지없이 무너져 내렸지.

조선이 항복하자 청나라군은 물러갔어. 이때 인조의 아들 소현 세자와 봉림 대군이 볼모로 끌려갔지. 조선이 딴마음을 먹고 청나라를 배신할까 봐 왕자들을 인질로 끌고 간 거야. 청나라와 끝까지 싸우자고 주장했던 홍익한, 윤집, 오달제 같은 척화파 신하들도 끌려갔어. 또 조선 백성 수십만 명이 포로로 잡혀 청나라의 노예 시장으로 팔려 갔단다.

청나라에 끌려간 가족을 되찾으려면 몸값으로 큰돈을 주어야 했어. 어떤 사람은 전 재산을 털어 가족을 찾아오느라 길거리에 나앉기도 했지. 겨우 조선에 돌아온 포로 가운데 여성들은 고향으로 돌아온 여자라는 뜻에서 '환향녀'라고 했는데, 이들은 오랑캐에게 몸을 더럽혔다고 하여 '화냥년'이라는 치욕스러운 이름으로 불리며 평생을 고통스럽게 살아야 했어. 특히 일부 양반들은 환향녀와 살 수 없다며 이혼을 요구하는가 하면, 심지어 이들을 회절강(절개를 회복하는 강)이라는 곳에서 목욕시키기까지 했어.

고려 시대에 몽골군이 침입했을 때는 어린 여자아이들이 공녀로 몽골에 끌려갔고, 조선 시대에는 병자호란으로 많은 조선 여인들이 끌려가 치욕을 겪어야 했어. 훗날 일제 강점기에는 여성들이 군 위안부로 끌려가서 일본군의 성노예가 되기도 해. 이렇게 나라가 힘이 없으면 약자인 여성들은 더 큰 상처를 입었단다.

삼전도비 조선이 삼전도에서 청나라에 항복한 뒤 청 태종의 강요로 세운 비석이다. 청나라 황제를 찬양하는 내용이 새겨져 있다. 서울시 송파구 석촌동에 있다.

키워드04 **북벌 정책**

북학이냐, 북벌이냐

아버지 인조가 청나라 황제 앞에서 굴욕적으로 항복하는 모습을 생생히 지켜보았던 소현 세자와 봉림 대군은 인질이 되어 청나라로 끌려갔어. 두 형제는 낯선 나라에서 힘든 인질 생활을 하며 아픔을 함께 나누고 삼전도의 굴욕을 반드시 되갚아 주리라 다짐했을 거야. 하지만 인질 생활을 끝내고 8년 만에 조선에 돌아온 두 형제의 운명은 서로 판이하게 달랐어. 청나라의 학문과 문물을 배우자는 '북학'을 주장한 형은 의문의 죽음을 맞고, 동생은 조선 역사상 가장 강력하게 청나라에 대한 복수를 외치는 '북벌'의 군주가 된단다.

【 소현 세자의 이루지 못한 꿈 】

청나라의 수도 심양으로 끌려간 소현 세자와 봉림 대군은 식솔들과 함께 심양관이라는 곳에서 청나라의 감시를 받으며 인질 생활을 했어.

소현 세자는 초기에 청나라에 대한 감정이 좋지 않았어. 그러나 심양에 사는 동안 청나라의 놀라운 발전에 큰 자극을 받게 돼. 중국 대륙을 통일하는 과정에서 신생 대국으로 거침없이 뻗어 가는 군사적인 면모와 함께 문화 대국으로 성장해 가는 청나라의 잠재력을 읽을 수 있었지. 소현 세자는 청나라와 조선 사이에 일어나는 외교적인 문제들을 현명하게 처리하며 청나라와 좋은 관계를 유지했어.

1644년 청나라는 마침내 명나라를 무너뜨리고 중국을 통일했어. 청나라가 수도를 북경으로 옮기자, 소현 세자를 비롯한 조선 사람들도 북경으로 옮겨 갔지. 그 무렵 청나라는 아담 샬 같은 선교사를 통해 천주교뿐 아니라 화포, 망원경 같은 서양의 과학 문물을 적극적으로 받아들이고 있었어. 아담 샬은 독일 출신의 예수회 선교사인데, 천문과 역법 등 과학 지식에도 밝아 명나라 조정에서 활동했던 인물이란다. 아담 샬은 명나라가 망하고 청나라가 들어섰을 때도 관리가 되어 청나라의 과학 발달에 이바지했어.

소현 세자는 아담 샬과 교유하면서 이전까지와는 전혀 다른 새로운 세계에 눈뜨게 되었어. 소현 세자는 거의 매일 아담 샬을 만나 천주교와 서양의 과학 기술에 대해 배우고 이야기를 나누었어. 아담 샬이 책을 건네주면 소현 세자는 밤을 새워 가며 다 읽고, 이튿날 다시 만나 궁금한 점을 물어볼 정도로 열의가 대단했다고 해.

소현 세자는 청나라에서 배운 새로운 사상과 문물을 조선에 널리 알려야겠다고 생각했어. 조선이 힘을 기르려면 우물 안 개구리에서 벗어나 바깥세상과 교류하며 발전한 학문과 문물을 받아들이고 배워야 한다는 것을 절실하게 느꼈지. 소현 세자는 조선을 변화시켜 새로운 나라로 만들어 갈 꿈에

북경 남천주당
소현 세자는 이곳에 머물고 있던 아담 샬을 자주 만나면서 서양 문명과 천주교 등 새로운 세계에 눈떴다.

전쟁의 상처를 극복하다

부풀었어.

　청나라는 중국을 완전히 통일한 마당에 조선의 왕자들을 더는 인질로 붙잡고 있을 필요가 없어지자 소현 세자 일행의 귀국을 허락했어. 마침내 소현 세자는 8년간의 인질 생활을 마치고 조선으로 돌아왔지.

　그런데 소현 세자의 귀국을 반기는 사람은 거의 없었어. 인조반정으로 세력을 잡은 조정 대신들은 명나라가 망해 역사에서 사라져 버렸는데도 여전히 명나라를 섬기고 있었어. 그래서 조선에 치욕을 안겨 준 청나라를 현실적으로 보려고 하지 않았단다. 청나라를 군사 대국이나 문화 대국으로 보지 않고 여전히 오랑캐로 여기고 있었던 거야. 그러니 청나라와 가깝게 지내며 그들의 과학 문물을 받아들이는 데 적극적이었던 소현 세자를 곱게 볼 리 없었지.

　인조도 소현 세자가 신하들의 인사도 받지 못하게 할 정도로 소현 세자를 차갑게 대했어. 심지어 소현 세자가 인조에게 인사를 올릴 때 청나라에서 보고 느낀 바를 아뢰고, 청나라에서 가져온 책과 과학 기구 등을 보여 주자 몹시 화를 내며 소현 세자의 얼굴에 벼루를 던지기까지 했다는구나.

　인조는 청나라가 자신을 왕위에서 몰아내고 소현 세자를 왕위에 앉히려는 것은 아닐까 불안해하며 소현 세자를 경계했어. 그도 그럴 것이, 인조는 명나라를 섬기고 청나라를 반대

천리경

자명종

중국을 통해 들어온 서양 문물 소현 세자는 천리경, 자명종, 지구의 등 서양 문물에 관심이 많았다. 천리 밖도 볼 수 있다 하여 이름 붙여진 천리경은 지금의 망원경과 같은 기구였다.

하는 사람으로 낙인찍힌 반면 소현 세자는 청나라와 좋은 관계를 유지했거든. 그래서 소현 세자가 청나라에 있을 때 조선에 관련된 문제가 생기면 국왕인 인조보다 말이 잘 통하는 소현 세자와 의논해서 해결하려 할 만큼 청나라는 그를 신임했지.

결국 소현 세자는 조선에 돌아온 지 얼마 안 돼 병을 얻고, 머리에 열이 펄펄 올라 열을 내리는 침을 맞고는 사흘 만에 세상을 떠나고 말았어. 소현 세자가 갑작스럽게 죽자 백성들 사이에서는 소현 세자가 독살당했다는 소문이 나돌았어. 아닌 게 아니라 소현 세자의 죽음은 의문투성이였어. 나라의 공식 기록인 『인조실록』에도 "세자는 본국으로 돌아온 지 얼마 안 돼 병을 얻었고 병이 난 지 며칠 만에 죽었는데, 온몸이 검은빛이고 눈, 코, 입, 귀 일곱 구멍에서 피가 흘러나왔다. 검은 천으로 세자의 얼굴 반쪽을 덮어 놓았는데, 곁에 있는 사람도 그 얼굴빛을 구별할 수 없어서 마치 약물에 중독되어 죽은 사람과 같았다."고 기록되어 있어.

더구나 인조는 세자가 죽은 이유를 제대로 알아보지도 않고 서둘러 장례를 치러 버렸어. 그리고 당시 소현 세자에게 세 아들이 있는데도 자신의 둘째 아들이자 소현 세자의 동생인 봉림 대군을 후계자로 삼았어. 조선 왕실의 법도에 따르면 소현 세자의 아들을 세손으로 삼아 왕위를 물려주어야 하는데, 이를 어기고 봉림 대군을 세자로 삼은 거야. 이 때문에 인조가 소현 세자의 죽음과 관계되었을 것이라는 얘기도 있단다.

어찌 됐든 소현 세자가 청나라에서 인질 생활을 하며 배우고 추구했던 새로운 과학 기술과 문명의 수용, 바로 그 북학의 꿈은 그의 죽음과 함께 묻혀 버리고 말았어. 인조를 비롯해 조선의 관리들이 현실의 변화에 눈을 돌리고 소현 세자가 하려는 말에 귀를 기울였더라면 조선의 역사가 달라졌을지도 몰라.

【효종이 선택한 북벌 정책】

청나라의 새로운 문물을 보며 북학의 기운을 조선에 심으려 했던 소현 세자가 죽고 효종이 왕위에 오른 것은 조선 역사에서 중요한 전환점이었어. 병자호란 이후 조선은 사상적으로 북벌과 북학의 갈림길에 서 있었단다. 소현 세자와 인조의 갈등도 다름 아닌 북학이냐 북벌이냐로 볼 수 있어. 그 갈림길에서 북학 의지가 큰 소현 세자가 의문의 죽음을 맞고 효종이 왕위에 오르면서 조선에는 북쪽의 오랑캐 청나라를 정벌한다는 '북벌'이 나라의 주도적인 이념으로 자리 잡았단다.

똑같이 청나라에 인질로 끌려가 갖은 굴욕과 고생을 겪었지만, 청나라의 발달한 문물에 감명받고 북학의 전도사 역할을 하려 했던 소현 세자와 달리 효종은 청나라에 대한 원한이 컸어. 효종은 심양에서 조선인 포로의 비참한 생활을 직접 보며 청나라를 향해 복수의 칼날을 갈았고, 청나라 황제를 따라 사냥을 다니면서 중국의 사정과 지형도 세심하게 관찰했어. 이러한 경험은 효종이 북벌을 준비하는 데 든든한 밑바탕이 되었지.

무엇보다도 효종은 소현 세자의 아들 대신 자기를 후계자로 선택한 아버지 인조의 뜻을 잘 알고 있었어. 청나라를 정벌하여 조선이 당한 치욕을 씻어 내는 일, 곧 북벌 정책을 펴는 것이었어.

효종은 왕위에 오르자마자 청나라를 치겠다고 나섰어. 이를 위해 먼저 조정의 신하들부터 새로 가다듬었지. 청나라와 가까이 지내던 대신들을 쫓아내고 청나라를 배척하는 김상헌과 송시열, 송준길 같은 이들을 등용했어. 또 수도 방어를 맡고 있는 훈련도감을 강화하고, 북벌을 추진할 중심 기구로 어영청을 다시 정비했어. 중앙 상비군인 어영군과 왕을 호위하는 금군도 크게 늘리고, 군사들의 훈련 상황도 꼼꼼하게 점검했지.

효종은 어영청의 어영 대장으로 이완을 임명해 북벌 정책을 강력하게 추진했어. 이완은 새로운 무기를 만들고 성곽을 보수하는 등 북벌을 위해 전쟁 준비를 해 나갔어. 이완은 자기가 죽으면 효종의 무덤 가까이에 묻어 달라는 유언을 남길 만큼 효종을 지극히 섬겼어. 이완은 효종의 뜻을 받들어 북벌 정책을 강력하게 수행한 유일한 사람이라고 할 수 있지.

효종은 남한산성과 수도 한양의 외곽 수비를 강화했어. 남한산성의 수비대인 수어청의 군비와 군량미를 늘리기 위한 사업을 벌이기도 했지. 또 네덜란드 사람 하멜과 함께 제주도에 표류한 사람들을 전라도에 머물게 하면서 조총을 비롯한 신식 무기를 만들게 했단다.

【 이루지 못한 북벌의 꿈 】

그러나 효종의 노력에도 북벌 정책은 순조롭게 추진되지 못했어. 효종이 대군으로 있을 때 스승이었고 처음에는 북벌에 찬성했던 송시열마저 전쟁 준비에 따른 어려움을 들며 효종의 북벌 정책을 지지하지 않았어. 송시열은 청나라를 정벌하는 데에는 찬성하지만, 전쟁으로 폐허가 된 조선의 살림을 먼저 정비해 놓은 다음에야 북벌을 할 수 있다고 주장했어. 이를 위해서는

남한산성 수어장대 효종은 남한산성을 수비하는 수어청을 강화하여 국방을 튼튼히 했다. 수어장대는 남한산성에서 가장 높은 곳에 있는 건물로 장수가 군사를 지휘하던 곳이다.

왕이 몸과 마음을 잘 닦아야 한다고 했지. 하지만 효종은 밖의 적을 먼저 물리치고 나서야 나라 안의 살림이 나아질 거라 생각했단다.

효종의 북벌 정책은 관리들뿐만 아니라 정묘호란과 병자호란을 겪은 백성들에게도 버거운 것이었어. 전쟁에 필요한 자금을 확보하기 위해 벌인 여러 가지 사업이 고스란히 백성들의 부담으로 돌아왔거든. 더욱이 해마다 흉년이 들어 백성들의 삶은 더할 수 없이 힘들었어.

청나라가 조선을 감시하는 것도 어려움 가운데 하나였어. 청나라는 수시로 감시단을 보내 조선이 군사력을 늘리거나 군비를 마련하기 위해 벌이는 사업을 못하게 했어. 산성을 새로 쌓거나 보수하는 것도 트집 잡았지.

효종은 청나라의 눈치를 살피지 않을 수 없었어. 그래서 청나라가 자기 나라 땅을 침입한 러시아 군대를 물리치기 위해 조선에 군사를 요청했을 때 거절하지 못하고 두 차례나 군사를 보내 주었단다. 그 무렵에는 러시아를 '나선'이라고 불렀기 때문에 이를 '나선 정벌'이라고 해.

청나라에 파견된 조선의 군사들은 조선군으로서 자긍심을 세우기 위해 러시아군과 열심히 싸웠어. 조선군이 나선 정벌에서 어떤 일을 겪었는지는 신류 장군이 쓴 『북정록』이라는 병영 일기에 잘 나타나 있단다. 견디기 힘든 추위 속에서도 파병군으로서 임무를 완수해야 했던 신류 장군의 일기를 통해 북벌의 꿈을 실현해 가기가 얼마나 어려웠을지 짐작할 수 있어. 청나라를 정벌하기 위해 준비한 군사를 청나라를 돕기 위해 보내야 했던 나선 정벌은 그만큼 조선이 대국 청나라를 상대할 만한 군사력을 갖추지 못했다는 사실을 단적으로 보여 주는 것이지.

효종은 북벌의 꿈을 이루지 못하고 왕이 된 지 10년 만에 세상을 떠나고 말았어. 하지만 효종이 죽은 뒤에도 북벌의 사상만은 완전히 사라지지 않았지. 숙종 때까지 살았던 송시열은 죽으면서 제자들에게 임진왜란 때 조선을

효종 영릉 효종은 북벌의 꿈을 이루지 못하고 죽었다. 경기도 여주에 있는 영릉에 효종과 왕비 인선 왕후가 묻혀 있다.

도운 명나라 황제 신종과 마지막 황제 의종의 제사를 지내라고 유언을 남길 정도였단다. 숙종은 창덕궁 안에 신종과 의종의 제사를 지내는 대보단을 만들기도 했어.

이미 망해 버린 명나라를 계속 섬기는 것이 어쩌면 미련해 보이기도 해. 그렇지만 이러한 사상을 바탕으로 조선의 사회, 문화에 대한 자부심이 높아진 결과, 북벌 정책에서 중요하게 내걸었던 숭명반청(명나라를 섬기고 청나라를 배척한다) 사상이 조선 중화사상으로 발전하게 돼. 명나라가 멸망하기 전까지 조선 사회에는 중화사상이 깊게 깔려 있었어. 곧 문화의 중심은 중국에 있다는 것이었지. 그런데 이제는 문화의 중심이 명나라를 대신해 조선에 있다는 사상으로 변한 거야. 이런 사상은 중국을 모방하는 데서 벗어나 조선만의 독자적인 문화를 꽃피우는 데 큰 밑거름이 되었단다.

키워드 05 **붕당 정치**

견제와 비판에서 정권 다툼으로

조선 중종 대부터 형성된 사림 세력은 네 번의 사화를 거치면서 훈구 세력에 대항하여 하나로 뭉쳤지만, 선조 대에 다시 권력을 잡은 다음에는 정치적 견해가 달라지면서 지역적, 학문적으로 친밀한 사람들끼리 붕당을 만들어 서로 견제했단다. 사림이 붕당을 만들어 정권을 다투던 것을 '붕당 정치'라고 하는데, 이 때문에 많은 사람이 유배를 가거나 목숨을 잃었어. 붕당 정치는 오늘날의 정당 정치와 비슷하면서도 조금 다른 조선의 독특한 정치 형태였어.

【 예송 논쟁이 벌어지다 】

1659년 효종이 죽자 인조의 계비이자 효종의 새어머니인 자의 대비가 얼마 동안 상복을 입어야 하는지를 두고 서인 세력과 남인 세력 사이에서 격렬한 논쟁이 벌어졌어. 이 논쟁이 예(禮)에 대한 해석을 두고 벌어졌다 하여 '예송 논쟁'이라고 해. 예송 논쟁은 효종의 뒤를 이어 왕위에 오른 현종이 왕위에 올라 있던 기간 내내 벌어진 아주 길고도 지독한 싸움이었지.

유교 국가인 조선에서는 가정부터 조정에 이르기까지 모든 사람들이 성리학의 예법과 풍속에 따르도록 해 왔어. 예법에는 '장자(맏아들)가 죽으면 그 어머니가 3년복을 입고, 장자가 아닌 아들이 죽으면 1년복을 입는다.'고 되어 있어. 서인은 예법에 따라 자의 대비가 1년만 상복을 입으면 된다고 주장했고, 남인은 3년 동안 상복을 입어야 한다고 주장했지. 왜 이런 논쟁이 벌어진 걸까?

유교 국가에서는 맏아들이 죽으면 그 아들이 뒤를 잇게 돼 있어. 그런데

효종의 국장 행렬 효종의 국장 과정을 기록한 『효종국장도감의궤』에 실려 있는 그림이다.

인조 때는 맏아들이자 왕세자였던 소현 세자가 죽자, 동생인 봉림 대군이 왕이 되었잖니. 원래는 세자가 죽으면 세손, 곧 소현 세자의 아들에게 왕위를 물려주어야 하는데, 인조가 왕실의 예법을 무시하고 둘째 아들 봉림 대군을 왕위에 올린 거지. 예송 논쟁의 씨앗은 이때 뿌려진 거란다.

송시열과 송준길 등 서인은 왕도 사대부의 일원이니만큼 일반 사대부의 예법에 따라 둘째로서 예를 갖추면 된다고 했어. 이에 반해 허목과 윤휴 등 남인은 효종이 비록 둘째이긴 하지만 왕이므로 일반 사대부와 달리 특별히 적용해야 한다고 주장했지.

상복을 몇 년 입을지를 두고 싸우다니, 지금 시각에서 보면 이해가 되지 않을 수도 있어. 하지만 당시에 상복을 1년 입을지 3년 입을지는 효종이 장자의 정통성을 계승한 것으로 볼 것인가 아닌가와 관련된 중요한 문제였어. 자의 대비가 3년 동안 상복을 입는다는 것은 효종을 장자의 정통성을 갖춘 왕으로 본다는 걸 뜻해.

또 예송 논쟁의 이면에는 인조반정 이후 권력을 잡아 온 서인 세력과 권

전쟁의 상처를 극복하다 51

송시열 초상화(국보 239호)

력을 교체하고 싶은 남인 사이의 정치 투쟁이 숨어 있어. 서인은 본래 신하들이 나라를 이끌어 가는 신권 정치를 중시하는 세력이야. 반면 남인은 주도 세력인 서인에 맞서려면 왕의 지원이 필요했기 때문에 왕의 절대적인 권위를 강조하는 왕권 강화 입장에 섰던 거지.

그런데 처음 벌어진 예송 논쟁에서는 자의 대비가 1년만 상복을 입어야 한다고 주장한 서인이 승리했어. 현종이 1년복을 주장한 송시열의 주장을 받아들여 서인의 손을 들어 준 거야. 인조반정 이후 막강한 권력을 잡고 있던 서인 세력에 견주어 왕의 권한은 약해질 대로 약해졌기 때문에 현종으로서도 도리가 없었지.

그런데 15년 뒤 효종의 왕비인 인선 왕후가 죽자 이번에도 자의 대비가 상복을 입는 기간이 논란이 되었어. 또다시 예송 논쟁이 벌어진 거야. 효종을 장자로 보면 인선 왕후도 맏며느리가 되는 셈이니 1년 동안 상복을 입어야 하고, 그렇지 않다면 9개월만 입으면 돼.

현종이 이번에도 서인의 손을 들어 주며 9개월 동안 상복을 입기로 결정하자, 남인은 1차 예송 논쟁에서 어정쩡하게 처리하고 넘어간 효종의 정통성 문제를 들고 나왔어. 효종이 왕위를 계승했으니 당연히 장자로 대우해야 하며, 인선 왕후 또한 비록 자의 대비의 둘째 며느리이긴 하지만 왕비로서 중전을 지냈으니 맏며느리로 대우해 줘야 한다는 거였지.

남인의 주장은 1차 예송 논쟁 때와 같은 논리였지만, 이번에는 현종의 장인 김우명과 그의 조카 김석주가 서인임에도 갑자기 남인 쪽 주장을 지지하고 나섰어. 마침내 현종은 결정을 바꾸어 남인의 손을 들어 주게 돼. 서인이 거세게 항의하자 현종은 자기 뜻을 따르지 않는 서인들을 몰아냈단다.

　예송 논쟁에서 서인과 남인이 대립한 것처럼 조선 후기에는 학문적·정치적으로 의견을 달리하는 세력, 곧 붕당들이 엎치락뒤치락하며 정치를 펴 나갔어. '붕'은 같은 스승 밑에서 공부한 벗을 뜻하고, '당'은 사람들의 모임이라는 뜻이야. 그러니까 붕당이란 학문의 방향과 정치를 바라보는 생각이 비슷한 사람들끼리 뭉친 집단을 말해.

　붕당이 만들어지는 과정이나 붕당끼리 대립하는 사건은 몹시 복잡하단다. 하지만 이를 모르고는 조선 후기의 정치 흐름을 제대로 이해할 수 없어. 그렇다면 붕당 정치는 어떻게 시작된 걸까?

【 붕당 정치의 시작, 서인과 동인 】

사림 세력은 조선 전기에 네 차례의 사화를 겪으면서 관직에 나아갔다가 재야로 물러나기를 반복했어. 그러다가 선조가 왕위에 오를 때쯤 어느 정도 중앙 관직에서 자리를 잡게 되었지. 사림은 처음에는 서로 협력하여 조선의 정치를 이끌었어. 하지만 시간이 지나면서 점점 정치적인 견해 차이가 드러난 끝에, 마침내 이조 전랑이라는 벼슬자리를 두고 갈라서게 돼.

　이조 전랑은 6조 가운데 하나인 이조의 정랑(정5품)과 좌랑(정6품)을 함께 일컫는 말인데, 그리 높은 벼슬은 아니야. 하지만 이조 전랑은 언론 기관인 3사(사간원·사헌부·홍문관) 관리의 인사 문제를 결정하고 자신이 물러날 때 후임을 추천할 수 있는 권한이 있어서 정치적으로는 힘이 있는 자리였어. 정해진 관직 수보다 임명을 기다리는 사람 수가 더 많다 보니 이들의 권한은 커질 수밖에 없었지. 1575년, 이처럼 중요한 이조 전랑 자리를 놓고 사림 세력끼리 심하게 다투는 일이 발생했어. 명종의 왕비 인순 왕후의 동생인 심의겸과, 이황과 조식의 제자인 김효원이 사건의 주인공이었지. 김효원이 이조 전랑으로 추천받자 심의겸이 반대하고 나섰어. 김효원이 명종 때 외척으로 권력을 쥐고 흔들었던 윤형원의 집을 드나들었다는 이유로 소인배로 여겼던 거야. 결국 김효원은 3년 만에 어렵사리 이조 전랑이 되었지.

그런데 이듬해에 심의겸의 동생 심충겸이 이조 전랑으로 추천받자 이번에는 김효원이 "이조 전랑이 외척이 독차지하는 자리냐!"며 반대했어. 심충겸은 인순 왕후의 동생인 데다 중종의 아들 봉성군의 사위였거든. 명종 때 외척이 막강한 권력을 쥐고 조정을 좌지우지하며 부정부패를 일삼던 것을 본 뒤라, 외척이 인사권을 좌지우지하게 해서는 안 된다는 김효원의 반대 이유는 틀린 말이 아니었어. 김효원은 아예 외척이 조정에 얼씬도 못하게 막아야 한다는 강경한 태도를 취했지.

하지만 심의겸은 외척으로 권세를 누리던 외삼촌 이량이 사림을 탄압하려 할 때 적극 막기도 했고, 외척이면서도 함부로 권세를 부리지 않아서 그 무렵 사림들 사이에 명망이 높았어.

어쨌든 이 일이 계기가 되어 사림은 심의겸을 따르는 서인과 김효원을 따르는 동인으로 나뉘게 돼. 심의겸을 따르는 서인은 사림 가운데 주로 이이와 성혼의 학문을 이어받은 온건한 학자들이고, 김효원을 따르는 동인은 이황과 조식, 서경덕의 학문을 이어받은 젊고 개혁적인 신진 세력이었어. 이들을 서인과 동인이라고 부른 이유는 심의겸의 집이 한양의 서쪽에 있고, 김효원의 집은 동쪽에 있었기 때문이란다.

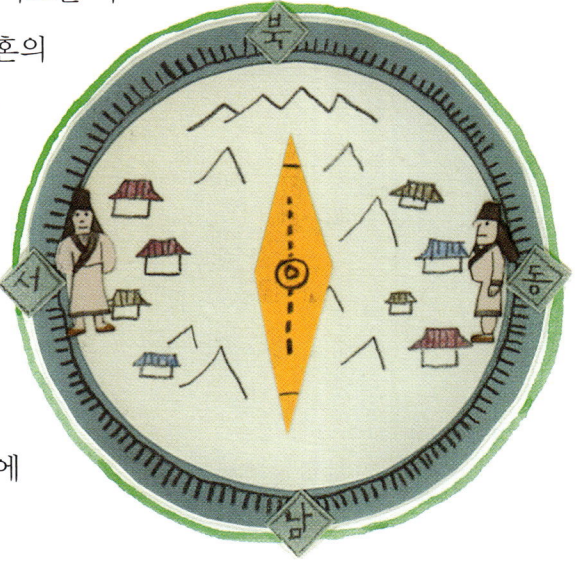

【 북인과 남인으로 또다시 나뉘는 사림 】

우리가 쉽게 떠올리는 붕당 정치의 이미지는 서로 비방하고 공격만 일삼는 꽉 막힌 정치에 가까워. 하지만 처음부터 그랬던 건 아니야. 초기에는 3사에서 토론과 경연을 벌이고 서로 비판을 받아들이며 공존하는 모습에 가까웠지. 붕당 정치의 초기까지만 해도 동인과 서인은 서로의 존재를 인정하면서 비판과 견제를 통해 어느 한쪽이 권력을 독점하는 것을 막았어. 그런데 1589년에 일어난 정여립 역모 사건을 계기로 붕당 정치는 상대 붕당을 인정하지 않고 원수처럼 배척하는 모습을 띠기 시작해.

서인이었다가 동인이 된 정여립은 관직에서 물러난 뒤 고향 전주에서 대동계라는 조직을 만들었어. 대동계가 점점 커지자 정여립이 반란을 꾸미고 있다는 보고가 선조의 귀에 들어갔고, 급기야 정여립을 체포하라는 명령이 떨어졌지. 서인은 이 기회에 동인들을 몰아내려고 사건을 크게 만들었어. 정철이 사건의 처리를 맡아 대동계는 물론이고 정여립과 말 한 마디라도 나눈 사람은 가만두지 않았지. 마침내 천여 명이나 되는 사람이 목숨을 잃고 나서야 사건은 마무리되었단다.

살아남은 동인들은 서인을 향해 복수의 칼을 갈았지. 그런데 기회는 생각보다 일찍 찾아왔어. 동인을 몰아내고 정권을 잡은 서인이 얼마 지나지 않아 정치권에서 물러나게 되었거든. 마흔이 넘도록 왕비에게서 아들이 없던 선조에게 서인의 우두머리인 정철이 광해군을 세자로 책봉할 것을 건의하자, 선조가 세자 책봉을 서두르는 서인을 괘씸하게 여기고 동인을 등용한 거야.

다시 정권을 잡은 동인은 서인의 처벌을 두고 북인과 남인으로 갈렸어. 북인은 정철을 사형해야 한다는 강경파로 조식 계통의 학자들이 주를 이루고, 남인은 유배를 보내는 것으로 충분하다고 주장하는 온건파로 이황 계통의 학자들이 핵심을 이루었지. 북인을 이끄는 이산해의 집이 한양의 북쪽에 있어서 북인, 남인의 우두머리인 유성룡과 우성전의 집이 남쪽에 있어서 남인이라고 했단다. 서인과 북인, 남인으로 갈라진 사림은 정권을 잡기 위해 각기 다른 견해를 내세우며 서로 견제했어. 정치적인 견해가 달라지면 다시 새로운 붕당을 만들면서 말이야.

 이후 광해군이 왕이 되었을 때는 북인이, 인조가 왕위에 올랐을 때는 서인이 주축이 되어 붕당 정치를 주도해 갔단다. 그러다가 예송 논쟁이 일어났고, 남인의 손을 들어 준 채로 현종이 세상을 떠난 거야.

【 환국의 소용돌이에 빠진 붕당 정치 】

서인은 인조반정 이후 오랫동안 정권을 잡고 권력을 키워 왔어. 현종이 2차 예송 논쟁에서 남인의 손을 들어 준 데에는 서인의 힘을 누그러뜨리려는 의도도 있었어. 현종의 뒤를 이어 왕이 된 숙종도 남인 편을 들어 송시열을 관직에서 쫓아냈어. 서인 세력은 다시 권력을 잡기 위해 호시탐탐 기회를 노렸단다.

 그러던 중 남인의 우두머리인 영의정 허적의 집에서 잔치가 있던 날이었어. 비가 오자 숙종은 특별히 대궐에서 쓰는 기름 칠한 방수 천막을 쓰게 하라고 지시했어. 그런데 숙종이 지시를 내리기도 전에 벌써 허적이 천막을 가져다 썼지 뭐야. 보고를 들은 숙종은 권력을 믿고 방자하게 행동한 허적의 태도에 화가 났어. 그러잖아도 숙종은 이미 김석주를 비롯한 서인들에게서 남인의 비리를 여러 차례 보고받고 있던 터였어.

 이에 숙종은 경신년(1680년)에 남인을 몰아내고 서인을 등용하는 경신환국을 일으켰어. '환국'이란 정치 분위기가 바뀐다는 뜻으로, 정권을 잡고 있던 세력이 몰락하고 새로운 세력으로 교체되는 것을 말해. 이때부터 서로 건강하게 비판하고 견제하며 100년 가까이 공존해 오던 서인과 남인은 상대 붕당을 완전히 몰아내고 권력을 독점하는 일당 독재로 흐르게 된단다.

다시 권력을 잡은 서인은 남인의 처분을 두고 이번에는 노론과 소론으로 갈라졌어. 송시열을 중심으로 한 노론은 남인이 다시는 정권을 넘보지 못하도록 강경하게 처벌하자고 주장했고, 윤증을 중심으로 한 소론은 죄가 있는 만큼만 처벌하자고 했지.

경신환국으로 다시 서인이 정권을 잡았지만 숙종의 왕비 인현 왕후가 왕위를 이을 아들을 낳지 못하면서 정국은 다시 혼란에 빠졌어. 이때 숙종의 총애를 받고 있던 여인이 후궁 장 희빈이었어. 인현 왕후는 민유중의 딸로 서인의 지지를 받고 있었고, 장 희빈의 배후에는 남인이 있었지. 장 희빈은 남인의 적극적인 지원 속에 왕자(훗날의 경종)를 낳았어.

숙종이 즉위한 지 15년 만에 태어난 왕자를 원자로 삼으려 하자, 서인은 숙종의 결정에 당황했어. 원자를 정하는 것은 곧 예비 왕세자를 정하는 것이나 다름없는데, 보통 후궁이 낳은 왕자를 바로 원자로 정하는 경우는 없었거든. 더구나 남인의 지지를 받는 왕자가 다음 왕이 되어서는 안 되었지. 그래서 서인은 아직 왕비가 젊어서 왕자를 낳을 가능성이 있으니 원자 책봉을 미뤄 달라고 청했어. 서인의 우두머리 송시열이 나서서 거듭 상소를 올렸지만 소용없었지. 오히려 숙종은 기사년(1689년)에 서인을 내치고 다시 남인을 등용하는데, 이를 '기사환국'이라고 해.

윤증 초상화(보물 1495호) 윤증은 소론의 중심인물로, 노론의 우두머리인 송시열과 학문적·정치적으로 대립했다.

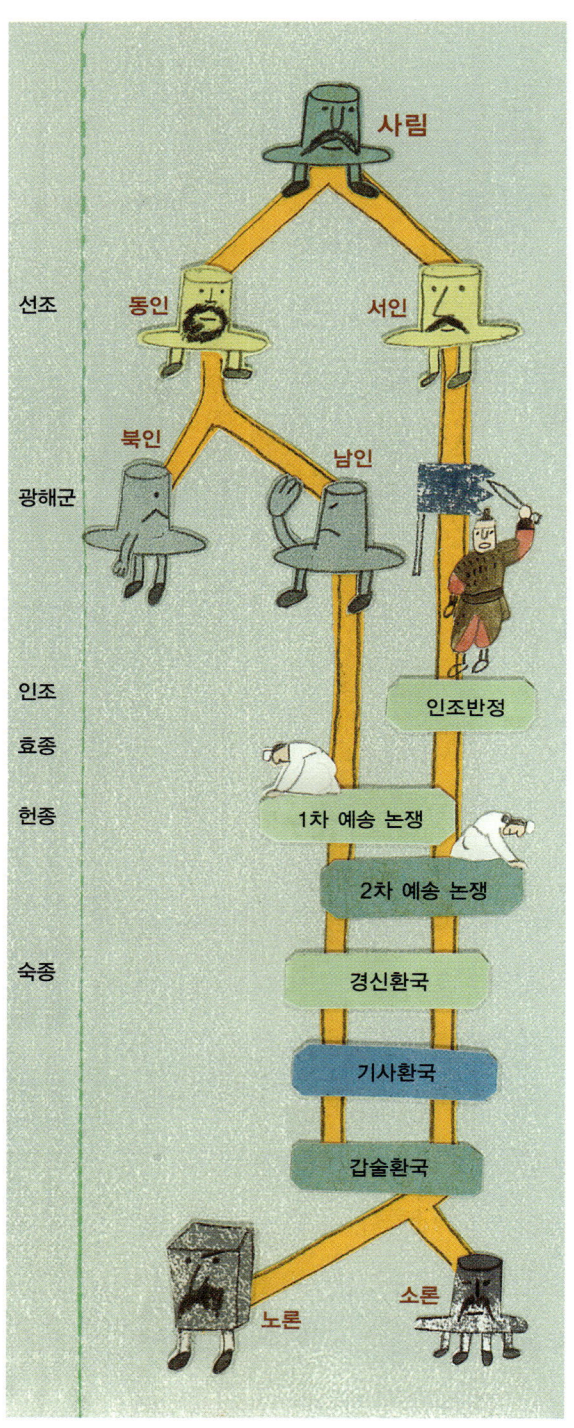

[붕당 정치의 전개 과정]

조정은 다시 남인들 차지가 되었고, 송시열 등 100명이 넘는 서인이 처벌을 받았어. 경신환국 때 남인을 가혹하게 처벌했던 송시열은 제주도로 유배를 가다가 정읍에서 사약을 받았지. 기사환국이 시작된 지 넉 달 만에 인현 왕후도 폐위를 당하고, 장 희빈이 왕비 자리에 올랐어.

기사환국으로 이제 남인 정권 시대가 열렸어. 장 희빈을 중심으로 한 남인 세력은 경신환국 때의 억울함을 풀기 위해 서인들을 줄줄이 유배 보냈고, 자기들 세상인 양 권력을 휘둘렀어. 하지만 남인의 보복이 도를 넘어 서인 세력의 씨를 아예 말려 버리려 하자, 숙종은 갑술년(1694년)에 '갑술환국'을 일으켜 남인을 제거했단다.

갑술환국으로 서인이 다시 권력을 잡았어. 남인의 지원을 받던 장 희빈은 후궁으로 지위가 떨어지고, 인현 왕후가 왕비 자리를 되찾았지. 남인은 이제 더는 일어설 수 없을 정도가 되어 고향에서 학문에만 전념하게 돼. 이때 고향으로 내려간 남인들이 키운 제자들 가운데 실학자들이 많이 나왔지. 반면 서인은 노론과 소론으로 갈라진 채 훗날 숙종의 뒤를 이을 왕을 정할 때도 격렬히 대립하게 된단다.

【 붕당 정치, 어떻게 봐야 할까 】

붕당 정치는 각 붕당의 정치적인 이해관계와 학파의 성격 등이 얽힌 복잡한 정치 형태였어. 그래서인지 한번에 명확히 이해하기가 무척 어려워. 그런 붕당 정치가 절정에 이른 것이 숙종 때 일어난 세 차례의 환국이야.

흔히 붕당 정치를 '당파 싸움' 또는 '당쟁'이라 부르곤 해. 조선 시대의 붕당 정치를 당쟁으로 크게 비판한 쪽은 일제의 사학자들이었어. 이들은 식민 사관의 관점에서 붕당 정치를 부정적으로만 평가했단다. 시데하라 다이라 같은 일본의 관학자는 "조선인의 오늘날 작태를 이해하려면 그 원인을 과거의 역사에서 찾아야 한다. 그 근원은 고질적인 당쟁이었다."고 주장했어. 한국인이 분열하고 대립하는 속성은 바로 당쟁에서 기인한다는 거야.

그러나 조선 시대의 붕당 정치에는 현대의 정당 정치처럼 특정 세력의 독주에 대한 견제와 균형이라는 긍정적인 요소도 있어. 각 붕당은 저마다 지지 기반을 확보하기 위해 백성들의 지지를 얻는 데 주력했기 때문에 붕당 정치가 활발했던 시절에는 민란이 별로 발생하지 않았어. 붕당 정치에 대민 안정이라는 긍정적인 측면이 있기 때문이야. 붕당 정치는 식민 사관의 논리처럼 꼭 국력을 낭비하고 민생을 도탄에 빠지게 하는 정치 형태만은 아니었다는 거지.

키워드 06 **숙종**

조선 문화 부흥의 바탕을 마련하다

숙종이 왕위에 있던 시기는 조선을 통틀어 붕당 사이의 정치 다툼이 가장 격렬했던 때야. 하지만 그런 와중에도 조선은 사회 경제적으로 많은 발전을 이룩했어. 숙종은 붕당 정치를 이용하여 왕권을 강화해 나가는 한편, 성리학 이념을 강화하는 사업을 펼쳐 임진왜란 후 혼란스러워진 사회 질서를 바로잡으려 했어. 또 상업 활동을 적극 지원하고 국방을 튼튼히 함으로써 임진왜란 이후 100년 동안 계속되어 온 전후 복구 사업을 사실상 마무리했단다.

【 14세의 나이로 왕위에 오르다 】

숙종은 현종의 외아들로 태어나 어려서부터 왕세자 교육을 받으며 다음 왕이 될 준비를 했어. 몸이 약했던 현종이 일찍 죽자 14세의 나이로 왕위를 이어받았지. 조선 전기의 성종은 13세에 왕이 되어 7년이나 수렴청정을 받았던 반면, 숙종은 어린 나이에도 곧바로 직접 정치를 펼칠 만큼 총명하고 과감했다고 해.

숙종은 세자 시절부터 조선의 왕권이 약해져 있다는 것을 잘 알고 있었어. 할아버지 효종은 장자로서의 정통성이 없었기 때문에 북벌을 준비하는 것 말고는 정치적인 목소리를 내기 어려웠어. 뒤이어 왕이 된 아버지 현종은 효종의 맏아들로서 정통성은 있었지만, 예송 논쟁에 휩싸여서 죽을 때까지 서인과 남인에게 휘둘렸지. 숙종은 아버지 현종이 예송 논쟁에 내내 시달리는 것을 보고 세자 시절부터 강력한 왕권을 세우겠노라 다짐했단다.

1674년 왕위에 오른 숙종은 조정 대신들이 붕당으로 나뉘어 대립하는 상황을 이용해서 왕권을 강화해 나갔어. 어느 한쪽의 권력이 커지면 정권을 통째로 교체하는 환국을 세 번이나 일으켰지. 서인에서 남인 정권으로, 또는 남인에서 서인 정권으로, 왕의 뜻에 따라 정권 자체가 바뀌는 경우는 조선 왕조에서도 드문 일이었어.

정권이 몇 차례 교체되자 다시 정권을 잡은 세력은 조심스러울 수밖에 없었어. 이미 한 번 왕에게 내쳐졌던 터라 왕의 뜻을 크게 거스르지 않았지. 상대 붕당에는 여전히 공격적이었지만 왕권에는 도전하지 않게 된 거야.

【 숙종판 역사 바로 세우기 】

숙종은 환국을 이용해 왕권을 세우는 한편, 성리학의 의리와 명분에 걸맞게 옛날 역사를 정리하는 작업을 했어. 일종의 '역사 바로 세우기'였지. 숙종은 이를 바탕으로 성리학 이념 가운데 임금에 대한 '충(忠)'을 강조하면서 왕권을 더욱 강화해 갔어.

가장 대표적인 것은 사육신을 복권시킨 일이야. 성삼문, 박팽년, 이개, 하위지, 유성원, 유응부 등 사육신은 세조가 어린 조카인 단종을 내쫓고 왕위에 오르자 이를 끝까지 반대하다가 끝내 목숨을 잃은 사람들이지. 성리학을 통치 이념으로 삼은 조선에서 성리학의 이념인 의리와 충절을 지킨 사육신을 어떻게 평가해야 할지는 여러 가지로 고민

의절사 세조에 의해 쫓겨난 단종을 다시 왕위에 올리려다가 죽음을 당한 사육신의 위패를 모신 사당으로 서울시 동작구 노량진동에 있다. 사당 뒤쪽에는 사육신의 무덤이 있다.

단종 비각 숙종이 노산군을 왕(단종)으로 복권시키면서 강원도 영월에 있는 노산군의 묘도 장릉으로 높여 불렀다. 장릉이 단종의 무덤임을 알리는 비석과 누각이다.

거리였단다. 사육신은 조선의 어느 누구보다 왕에게 충성을 보인 사람들이지만, 사육신의 충절을 인정하면 세조가 왕위에 오른 것이 부적절했음을 인정하는 셈이었으니까 말이야. 그래서 숙종 전까지는 어떤 왕도 사육신을 '나라의 충신'으로 인정하기를 꺼려했어. 그런데 숙종이 사육신의 명예를 회복시키고, 나라에서 이들의 제사를 지내도록 명한 거야.

사육신의 복권을 이루고 나서는 세조에 의해 왕의 자리에서 쫓겨나 비참하게 죽은 단종을 '왕'으로 복권시켰어. 이전까지 단종은 왕자 시절의 이름인 노산군으로 불려 왔어. 사육신의 복권과 마찬가지로 단종의 복권도 예민한 문제였지. 자칫하면 단종을 내쫓고 왕이 된 세조와 그 뒤를 이은 왕들의 정통성에 흠집이 날 수 있었거든. 숙종은 노산군의 일은 당시 상황에 따른 것이지 세조의 뜻이 아니었다며 왕실과 조정을 설득했어.

숙종은 또 창덕궁 후원 깊숙한 곳에 명나라 황제인 신종의 제사를 지내기 위해 대보단을 세웠어. 그럼으로써 임진왜란 때 조선을 도와준 명나라의 은혜를 잊지 않겠다는 것과 조선이 명나

대보단 숙종 때 창덕궁 후원에 설치한 제단으로, 왕이 명나라 황제의 제사를 지내던 곳이다. 창덕궁과 창경궁을 그린 「동궐도」(국보 249호) 중 대보단 영역이다.

라의 유교 문화를 계승한 유일한 문명국가라는 것을 드러내고자 한 거야.

이 밖에도 숙종은 이순신의 충정을 기리기 위해 세워진 사당에 '현충'이라는 호를 내리고, 의주에 강감찬 사당을 건립하는 등 국가에 대한 충성 이념을 강조했어.

숙종의 이 같은 역사 바로 세우기는 큰 전쟁을 거치면서 흔들렸던 사회 질서를 바로잡는 작업이었어. 그리고 그 핵심은 나라와 국왕에 대한 충성을 강조함으로써 왕권 강화를 이루려는 데 있었단다.

【 국방을 튼튼히 하다 】

숙종은 사상적으로 체제를 정비하는 한편, 전란으로 피해를 입은 지역을 복구하는 데에도 힘을 기울였어.

먼저 강화도의 농지를 대대적으로 개간하고 성곽이나 군사 요충지에 방어 시설인 돈대를 쌓아 외적의 침입에 대비했어. 외적이 서해안으로 침입해서 강화도가 무너지면 한양까지 쳐들어오는 건 시간문제이기 때문에, 숙종은 이곳에 53개나 되는 돈대를 쌓았단다.

택지돈대 숙종 때 쌓은 강화도의 53개 돈대 가운데 하나이다. 적의 움직임을 살피거나 공격에 대비하기 위해 화강암을 정사각형 모양으로 쌓고 그 안에 대포를 설치했다.

전쟁의 상처를 극복하다 63

숙종은 국방에 중요한 지역인 평양성, 안주성 등을 고쳐 쌓아 외적의 침입에 대비하고, 북한산성도 새로 쌓아서 남한산성과 함께 한양을 수비하게 했어.

숙종은 군제 개편에도 힘을 쏟았어. 조선 전기에는 5위 체제가 한양과 그 일대를 방어했지. 그러다가 임진왜란을 겪으면서 5위 체제가 무너지고 훈련도감에 이어 어영청, 수어청, 총융청이 필요에 따라 설치되어 수도권 일대의 경비를 대신했어. 숙종은 여기에 왕을 호위하고 한양을 방어하는 금위영을 추가해 5군영 체제를 완성했단다.

숙종은 국경 지역에도 관심을 기울였어. 청나라와 마찰이 잦은 압록강 연안의 국경선 지역

백두산 정계비도 1712년, 조선과 청나라의 국경선을 표시하기 위해 백두산에 세운 비석이 그려진 지도이다. 청나라 사신 목극등 일행과 조선 관원들의 현지 답사로 백두산 정계비를 세울 때 목극등이 소유했던 지도이다.

을 본격적으로 개발한 거야. 또 백두산 일대를 놓고 청나라와 영토 분쟁이 일어나자, 1712년 백두산에 정계비를 세워 청나라와 국경선을 확정했지.

이렇게 숙종이 펼친 국방 강화 정책 덕분에 백성들은 불안에 떨지 않고 농사를 짓거나 장사를 할 수 있었단다.

【 민생을 위한 다양한 정책을 펼치다 】

숙종이 나라를 다스리던 무렵은 상업이 서서히 발전하는 시기였어. 숙종은 상업을 활성화하는 방안으로 상평통보를 주조하여 널리 쓰게 했어. 이전부터 화폐가 필요하다는 주장은 꾸준히 있어 왔고 인조 때 이미 상평통보를 발행한 적이 있지만, 유통이 원활하지 않아 전국적으로 사용되지는 못했어. 그런데 숙종이 상평통보를 주조하고 적극적인 유통 정책을 펼쳐 나간 결과 비로소 상평통보를 전국적으로 사용하게 돼. 숙종의 이러한 경제 정책은 조선 후기의 상업 발달에 큰 영향을 끼쳤단다.

숙종은 또 백성들의 세금 부담을 줄여 주려고 애썼어. 경상도와 황해도까지 전국적으로 대동법을 실시해 광해군 때부터 시행되어 온 조세 제도를 완성하는가 하면, 토지 조사 사업을 추진해 잘못 매겨진 토지세를 바로잡고, 군역을 지는 대신 내야 하는 군포의 부담을 줄여 주려고 했지.

숙종은 46년이라는 긴 통치 기간 동안 왕권을 강화하고 민생을 위한 정치를 펼치다가 1720년 세상을 떠났어. 숙종은 붕당 정치가 가장 심했던 때에 환국이라는 방법을 이용해서 세 차례나 정권을 뒤집으며 왕권을 강화했어. 안으로는 성리학 이념을 강조하여 조선을 사상적으로 안정시키고 밖으로는 국방을 강화했지. 강해진 왕권을 바탕으로 민생 정책도 적극 펴 나갔고. 숙종이 펼친 이런 정책들은 훗날 영조와 정조가 정치·사회·문화적으로 중흥을 이루는 데 중요한 밑바탕이 된단다.

키워드 07 **이앙법과 견종법**

일손은 줄이고 수확량은 늘리고

임진왜란과 병자호란 등의 전쟁을 겪으면서 조선은 농토가 황폐해지고 인구가 줄어들어 농사짓기가 힘들어졌어. 그래서 적은 노동력으로 많은 수확량을 거둘 수 있는 농사법이 무엇인지, 같은 양의 씨를 뿌려 더 많은 수확을 얻을 수 있는 방법이 무엇인지 찾게 돼. 이때 널리 보급된 농사법이 이앙법과 견종법이야. 이앙법과 견종법으로 농사를 짓자 수확량이 크게 늘어났고, 이에 따라 조선 사회는 여러 면에서 큰 변화를 맞게 된단다.

【 물 댄 논에 모를 옮겨 심자 】

조선의 산업 가운데 가장 근본이 되는 건 농업이야. 그래서 조선을 농업 국가라고 하지. 그런데 큰 전쟁을 두 번이나 치르고 나자 조선의 농토는 농사를 지을 수 없을 정도로 망가지고 말았어. 당장 먹고살기가 힘들어진 백성들은 먼저 못 쓰게 된 땅부터 다시 일구었어. 나라에서도 땅을 개간하여 농사를 짓는 백성에게는 세금을 물리지 않는 등 혜택을 주었지.

하지만 농지를 개간하는 데는 시간과 노력이 꽤 많이 들어서 마냥 땅을 일구고 있을 수만은 없었어. 농사를 지어야 살아갈 수 있으니 말이야. 그래서 농지 개간은 주로 경제적인 능력이 있는 양반 지주층에 의해 이루어졌단다. 이래저래 농민들이 먹고살려면 좁은 땅에서나마 최대한 많은 수확량을 거두는 방법밖에 없었지. 농민들은 농사법부터 바꾸었어. 이앙법으로 벼농사를 지은 거야.

'이앙'은 '모(벼의 싹)를 옮긴다'는 뜻으로, 모내기를 말해. 모판에서 벼의

싹을 틔워 적당하게 키운 다음 물 댄 논에 옮겨 심는 농사법이지.

이앙법으로 농사를 지으면 노동력은 적게 드는 반면 수확량은 많았어. 벼 농사를 지으려면 잡초를 뽑아 주는 김매기를 보통 4~5차례 해야 하는데, 이앙법으로 지으면 2~3차례만 뽑아 주면 되니까 일손이 훨씬 줄어들어. 모판에서 키운 모를 논에 옮겨 심을 때 잡초와 좋지 않은 모를 미리 골라낼 수 있고, 모를 가지런히 줄 맞추어 심기 때문에 잡초와 모를 잘 구별할 수 있거든. 그런 만큼 김매기가 쉬워지고 시간도 덜 들었지.

이앙법은 조선 초기에도 있었지만 저수 시설이 부족해 나라에서 금지한 농사법이었어. 모내기를 하려면 물이 많이 필요한데, 모내기철에 가뭄이라도 들면 벼가 말라 죽어 농사를 망치기 때문이야. 그래서 나라에서는 볍씨를 직접 논에 뿌리는 '직파법'으로 벼농사를 짓게 했어. 직파법은 물이 많이 필요하지 않은 대신, 처음 볍씨가 자랄 때 잡초와 구분하기 어려워서 김매기가 힘들고, 또 김매기도 여러 차례 해야 해서 추수하기 전까지 사람의 손이 많이 갔어. 하지만 직파법을 실시하면 가뭄이 들어도 어느 정도는 수확할 수 있기 때문에 1년 농사를 망칠 수 있는 이앙법보다는 덜 위험했지.

　나라에서는 이앙법을 금지했지만 농민들은 적은 노동력으로 많은 수확물을 거둘 수 있는 이앙법을 포기할 수 없었어. 그래서 농사에 필요한 물을 대기 위해 힘을 모아 저수지를 만들었어. 산기슭이나 개울을 막아 저수지보다 작은 보도 많이 만들었고. 나라에서도 저수 시설이 있으면 가뭄이 들어도 물을 댈 수 있기 때문에 수리 사업에 관심을 기울였어. 덕분에 저수 시설이 크게 늘어나 필요한 물을 공급받을 수 있게 되자 이앙법은

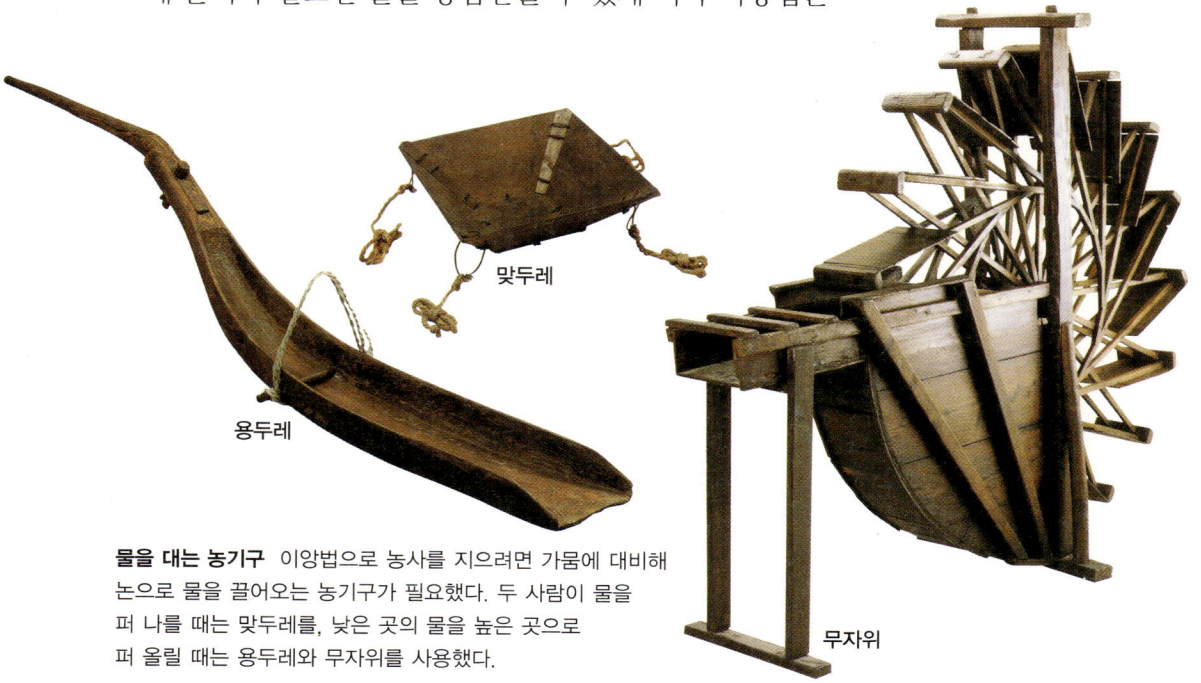

물을 대는 농기구 이앙법으로 농사를 지으려면 가뭄에 대비해 논으로 물을 끌어오는 농기구가 필요했다. 두 사람이 물을 퍼 나를 때는 맞두레를, 낮은 곳의 물을 높은 곳으로 퍼 올릴 때는 용두레와 무자위를 사용했다.

더욱 널리 퍼졌단다.

이앙법으로 농사를 지으면 노동력이 훨씬 줄어들 뿐만 아니라 또 다른 이점도 있었어. 가을에 추수가 끝나면 보리를 심었다가 이듬해 늦은 봄에 보리를 걷고 나면, 모판에서 재배한 모를 논에 옮겨 심는 방법으로 1년에 두 번의 농사가 가능했던 거야. 이를 '이모작'이라고 해. 직파법으로 농사를 지을 때는 볍씨를 뿌리는 시기와 보리농사를 짓는 시기가 겹쳐서 이모작을 할 수 없었어. 하지만 이앙법을 쓰면 벼농사와 보리농사가 겹치는 시기에 벼를 모판에 따로 심어 길렀다가 보리농사가 끝나면 논에 옮겨 심기 때문에, 같은 땅에서 벼농사와 보리농사를 번갈아 지을 수 있었지.

그런데 이모작을 하려면 땅이 기름져 영양분이 많아야 했어. 땅속에 영양분이 부족하면 1년 내내 농사를 짓기가 힘들거든. 곡식이 잘 자라지 않기 때문이야. 그래서 농민들은 거름을 주는 방법도 발전시켰어. 이전에는 거름의 양이 충분하지 않아서 씨앗에 거름을 묻혀 땅에 뿌리는 정도였는데, 이제는 큰 항아리를 땅에 묻어 똥이나 오줌을 모은 다음 재나 짚을 섞어서 만든 거름을 논밭에 직접 뿌렸어. 그런 다음 쟁기를 맨 소를 이용해 땅을 갈아서 골고루 섞어 주었단다.

나무장군

새갓통

오지장군

거름 주는 도구 진흙을 구워 만든 오지장군이나 나무장군에 오줌과 똥 같은 거름을 담아 논밭으로 옮긴 뒤 새갓통에 거름을 덜어 뿌렸다.

전쟁의 상처를 극복하다

【 이랑과 고랑, 어디에 씨를 뿌릴까? 】

밭농사에도 새로운 농사법이 보급되었어. 이전까지는 주로 평평한 밭에 씨앗을 뿌리거나 땅을 갈면서 만든 둔덕인 밭이랑에 씨앗을 심었어. 그런데 이제는 이랑을 좀 더 높이 만들어 밭고랑에도 씨를 뿌릴 수 있게 된 거야.

고랑에 씨를 뿌리는 것을 '견종법'이라고 해. 골뿌림법이라고도 하지. 견종법은 주로 가을걷이가 끝난 땅을 갈아서 보리, 밀, 귀리 따위를 심을 때 이용했어. 우리나라는 겨울에 차가운 북서풍이 부는데, 견종법을 이용해 고랑에 씨앗을 뿌리면 양쪽에 두둑하게 솟아오른 이랑이 바람을 막아 주어 씨앗이 바람에 흩어지지 않을뿐더러 새싹을 보호할 수 있었어. 또 고랑은 이랑보다 습한 데다 농작물이 수분을 쉽게 빨아들여서 가뭄에 잘 견딜 수 있었어. 게다가 유기질의 침전물을 쉽게 거름으로 흡수해 농작물이 잘 자랄 수 있게 했단다.

이랑에 심는 작물로는 습기를 싫어하는 콩, 팥, 옥수수, 기장, 고추 등이 있었어. 주로 비가 많이 오는 여름을 나야 하는 작물들이지. 여름 작물을 거두어들이고 난 이랑에는 김장에 쓸 무나 배추를 심었어. 이렇게 하니까 밭

쟁기 논이나 밭을 가는 농기구로, 보습 위에 볏을 달아 땅을 깊게 갈 수 있게 했다.

볏
보습

농사에도 이모작이 가능했어. 때에 따라서는 성장 속도가 다른 작물들을 이랑과 고랑에 번갈아 심기도 했단다.

그런데 이랑과 고랑을 이용한 농사법이 발달하면서 이랑과 고랑의 모양을 일정하게 유지할 필요가 생겼어. 무엇보다 고랑에 씨를 뿌리려면 고랑을 깊게 파야 했지. 그래서 농기구도 한층 발달하게 되었단다. 우선 농기구의 재료부터 달라졌어. 조선 전기에도 철제 농기구가 있긴 했지만 대부분은 나무로 만들어 썼어. 나무로 만든 농기구는 땅을 갈거나 돌멩이를 제거할 때 쉽게 부러졌지. 하지만 조선 후기에는 철을 다루는 기술이 발달하면서 철제 농기구가 많이 만들어졌단다.

특히 땅을 갈 때 사용하는 쟁기는 밭농사에 큰 도움이 되었어. 보습 위에 달린 볏 덕분에 땅을 뒤엎을 때 갈린 흙이 다른 곳으로 퍼지지 않아 땅을 깊게 갈 수 있고, 이랑과 고랑의 형태도 일정하게 유지할 수 있었지.

【 농사법의 발달로 변화하는 조선 사회 】

이앙법이 널리 퍼져 적은 노동력으로 농사를 지을 수 있게 되자, 농업을 경영하는 방식에 변화가 일어났어. 예전에는 농민들이 농사를 더 많이 짓고 싶어도 일손이 모자라 그럴 수 없었지. 그런데 이앙법으로 농사를 지으면서부터 네 명이 하던 일을 혼자서 할 수 있게 된 거야. 곧 한 사람이 농사지을 수 있는 경작 면적이 4배로 늘어난 셈이지. 이에 따라 지주나 농민이 넓은 땅을 경작하는 '광작'이 생겨났어. 예전보다 더 넓은 땅에서 농사를 짓게 된 지주는 물론 일부 농민들도 소득이 늘어나 부농이 되었단다.

넓은 땅을 소유한 지주와 땅을 빌려 농사를 짓는 소작 농민 사이에도 변화가 생겼어. 예전에는 수확한 뒤에 수확량의 반을 지주에게 땅을 빌린 값으로 주었지만, 이제는 농사를 짓기 전에 미리 정한 양만큼만 값을 지불했어. 수확량이 예상보다 많아도 지주에게 더 주지 않아도 되기 때문에 농민은 노력한 만큼 이득을 얻어 부농이 될 수 있었지.

하지만 광작 때문에 몰락하는 농민들도 많았어. 땅을 빌리지 못한 농민들은 농사를 지을 수 없으니 다른 일거리를 찾아 고향을 떠나야 했고, 잘사는 농민과 못사는 농민의 차이도 점점 벌어졌어.

고향을 떠난 농민들은 수도 한양을 비롯해 평양, 개성, 대구 등 지방의 중심 도시로 몰려들었어. 도시로 가면 뭐라도 할 수 있을 거라는 희망을 품고 말이야. 그러나 이들이 할 수 있는 일은 노동력을 제공하는 일로, 포구에서

물건을 나르거나 하는 허드렛일이 대부분이었어. 가끔 나라에서 토목 공사를 벌이기라도 하면 공사에 참여해 일하고 품삯을 받았지.

한편 도시 인구가 늘면서 도심 주변에는 시장에 내다 팔기 위해 재배하는 상품 작물의 재배가 활발해졌어. 쌀을 비롯한 채소와 다른 나라에서 들어온 옥수수, 호박, 토마토, 고추, 고구마, 감자 등 새로운 작물도 많이 재배했지. 특히 고구마와 감자는 흉년이 들어 식량이 부족할 때 밥

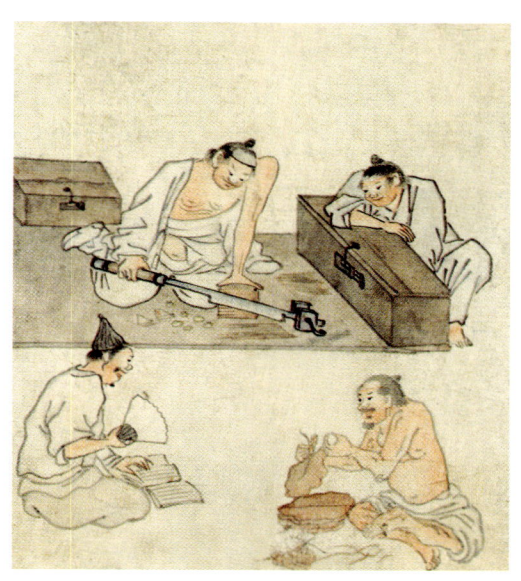

담배 썰기 담배를 피우는 사람이 많아지면서 담배 농사를 지어 상품 작물로 내다 파는 농민들이 늘어났다. 담뱃잎을 썰고 다듬는 사람들을 그린 김홍도의 그림이다.

대신 먹을 수 있는 구황 작물로 많이 재배했어. 고구마는 영조 때 통신사로 일본에 갔던 조엄이 대마도에서 가지고 온 거야. 감자는 19세기 초에 들어왔는데, 고구마보다 더 빠른 속도로 퍼져 나가 재배되었단다.

임진왜란 뒤에 일본에서 들어온 담배도 17세기 중엽이 되면 여자와 남자, 어른과 아이, 양반과 평민 할 것 없이 피우는 사람들이 많아져 장에 내다 팔 목적으로 담배를 재배하는 농가가 늘어났어. 면화나 모시 등도 전문으로 재배하는 지역이 생겼어. 경기도의 여주와 이천에는 쌀을 재배해 돈을 버는 농민들이 늘었고, 경상도의 의성은 면화 재배로, 충청도의 한산은 모시 재배로 큰 이익을 남겼단다.

이앙법과 견종법 등 농사법의 발달로 수확량이 늘고, 상품 작물을 판매하기 위한 시장이 곳곳에 서고, 시장이 활성화하면서 상업 또한 발전하여 화폐의 유통이 활발해지는 등 조선 사회는 점점 변화해 갔단다.

키워드 08 **상평통보**

가장 널리 쓰인 조선의 화폐

조선 정부는 전쟁의 후유증을 극복하고 국가 재정의 기틀을 다지기 위해 여러 정책을 시행했어. 이들 정책 가운데는 화폐 주조와 유통에 관한 논의도 있었단다. 조선은 건국 초기부터 화폐를 사용하고자 했지만 제대로 유통되지 않았어. 선조 때부터 시작된 화폐 유통에 대한 고민은 숙종 때가 돼서야 비로소 결실을 보았지. 왜 이때가 되어서야 조선에 화폐가 제대로 유통되기 시작했을까?

【 화폐를 대하는 생각이 달라지다 】

조선의 왕들은 건국 초부터 백성들이 물건을 사고 팔 때 화폐를 쓰게 하려고 노력했어. 태종 때는 고려 때부터 사용했던 지폐인 저화를 다시 만들고, 세종 때는 조선통보라는 동전을 만들었어. 세조 때는 전쟁이 나면 화살촉으로 사용하고 평상시에는 화폐로 사용하는 유엽전을 만들었지. 효종 때는 십전통보를 만들기도 했단다.

조선통보

십전통보

하지만 이 화폐들은 제대로 쓰이지 못했어. 화폐를 사용할 수 있는 사회적·경제적인 여건이 마련되어 있지 않았기 때문이야. 예부터 백성들은 필요한 물건을 직접 만들어 쓰거나, 쌀이나 베 또는 면포 같은 옷감을 주고 물건을 샀거든. 굳이 화폐를 사용하지 않아도 크게 불편하지 않았던 거야.

왕과 관리들은 화폐를 만들어 유통시키기 위해 여러 차례 시도했지만 제대로 되지 않았어. 그런데 조선 후기부터 이러한 흐름에 변화가 찾아왔어. 오랜 전쟁을 겪은 뒤로 조선의 사회·경제에 변화가 일어나면서 화폐 유통에 대한 새로운 인식이 싹튼 거야.

조선 후기에는 농사법이 발달해 수확량이 늘어나고, 이를 사고파는 시장의 규모가 커지면서 상업이 발달했어. 상업의 발달은 화폐의 필요성을 다시금 생각하게 했지. 물건을 사고파는 사람들이 그 많은 물건들을 일일이 들고 다닌다고 생각해 봐. 조금씩 바꿔 쓸 때는 괜찮겠지만, 사야 하는 물건의 양이 많을 때는 사는 사람도 파는 사람도 여간 불편한 게 아니지.

또 오랜 전쟁 탓에 궁핍해진 국가 재정을 마련하려면 화폐를 만들어 유통시킬 필요가 있었어. 나라에서 화폐를 만들어 백성들에게서 쌀이나 옷감을 받고 바꾸어 주면 동전을 시중에 유통시킬 수 있을 뿐만 아니라 나라 살림이 넉넉해질 테니까 말이야. 그래서 선조 때부터 화폐 사용을 둘러싼 논의가 다시 시작되었어. 화폐 유통은 인조와 효종 대를 거쳐 숙종 대에 이르러 드디어 결실을 보았어.

【상평통보를 만들어 널리 사용하게 하다】

1678년 숙종은 영의정 허적과 좌의정 권대운의 건의에 따라 상평통보를 만들어 유통시키기로 결정했어. 상평통보는 호조, 상평청, 진휼청, 어영청, 사복시, 훈련도감 등의 기관과 지방 관청에서 만들었어. 오늘날에는 화폐를 한국조폐공사에서만 만들지만, 조선 시대에는 여러 관청에서 만들었단다.

상평통보는 나뭇가지처럼 생긴 주전 틀에서 동전을 만들어 떼어 냈어. 엽전이라는 말이 바로 여기서 유래한 거야. '엽(葉)' 자가 나뭇잎을 뜻하거든.

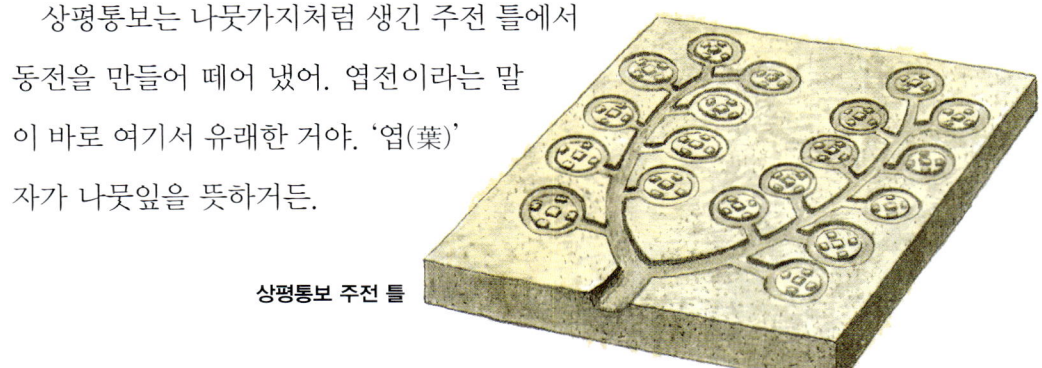

상평통보 주전 틀

전쟁의 상처를 극복하다

상평통보 하늘을 상징하는 원형에 땅을 상징하는 네모난 구멍이 뚫린 모양이다. 앞면에는 '상평통보'라 쓰여 있고, 뒷면에는 상평통보를 주조한 관청이 쓰여 있다.

조선 시대의 화폐 단위는 1푼(1문)이었어. 10푼은 1전, 10전은 1냥, 10냥은 1관이야. 관이 화폐의 최고 단위였어. 그럼 1냥의 가치는 어느 정도였을까? 조선 후기 1냥의 가치를 지금 화폐 단위로 환산해 보면 4~5만 원 정도라고 해. 그러니까 최소 단위인 1푼은 지금의 400~500원 정도라고 할 수 있지. 오늘날에도 가끔 들을 수 있는 '한 푼 두 푼'이라는 말도 조선의 화폐 단위에서 비롯된 거란다.

상평통보가 처음 만들어졌을 때는 제대로 유통되지 않았어. 백성들은 조그만 동전으로 과연 쌀이나 옷을 살 수 있을지 의심했거든. 그러자 정부에서는 동전을 가져오는 사람에게 동전의 가치만큼 원하는 물건으로 바꾸어 준다고 했어. 그리고 지방마다 중앙 관리를 파견해서 동전을 사용하도록 권장했지.

그래도 상평통보의 사용이 늘어나지 않자 나라에서는 시범 주점과 음식점을 열어 화폐 사용의 편리성을 백성들이 직접 체험하게 했어. 세금과 소작료도 화폐로 내게 했어. 한성부나 의금부 등에서는 죄인의 보석금도 쌀이나 옷감 대신 동전으로 받기도 했지. 이처럼 다양한 정책을 펼친 끝에 상평통보는 널리 쓰이게 된단다.

【 동전을 집에 쌓아 두지 마라 】

숙종 때 상평통보가 널리 유통될 수 있었던 것은 나라에서 화폐를 유통시키려고 노력했기 때문이기도 하지만, 무엇보다 조선 후기의 경제가 농업 사회에서 상업과 수공업 사회로 바뀌어 갔기 때문이야. 즉 조선 후기 상업과 수공업의 발달은 이전까지 화폐 기능을 했던 쌀이나 옷감보다 편리한 금속 화폐의 필요성을 느끼게 했어. 백성들도 점차 동전으로 물건을 사고파는 데 익숙해지면서 화폐를 널리 사용했어.

그런데 18세기에 이르러 동전을 유통시키지 않고 집에 보관하는 사람들이 많아졌어. 양반 관료나 지주 또는 대상들이 일부러 동전을 집에 쌓아 둔 거야. 그러자 시중에 화폐 유통량이 줄어들면서 화폐 가치가 크게 오르는 현상이 나타났어. 화폐 유통량이 줄어들어 화폐 가치가 오른다는 건 물건값이 오르는 것을 뜻해. 이런 현상 때문에 가장 큰 피해를 보는 건 일반 백성들이란다. 동전을 구하기도 힘들 뿐 아니라 평상시보다 비싼 값에 물건을 사야 하니까 말이야.

또 양반 관료나 지주들은 동전을 구하지 못한 농민이나 식량이 부족한 농민에게 봄에 동전을 빌려 주고 곡식값이 떨어지는 추수철에 동전을 곡식으로 환산해 원금과 이자를 갚게 했어. 그러다 보니 농민들은 원금의 5, 6배나 되는 돈을 갚아야 했지. 이 때문에 부유한 사람과 가난한 사람들의 차이가 더 벌어졌어. 돈을 갚지 못한 농민은 토지를 빼앗기고 고향을 떠날 수밖에 없었지.

이런 까닭에 18세기의 실학자 이익은 화폐 주조를 폐지할 것을 주장하기도 했어. 하지만 이러한 문제점에도 상평통보는 고종 때 근대 화폐가 만들어지기 전까지 200여 년 동안 사용되었단다.

엽전 함과 엽전 꾸러미

키워드 09 안용복

울릉도와 독도를 지킨 민간 외교가

조선은 건국 초부터 육지에서 멀리 떨어진 섬에는 사람이 살지 못하게 했어. 정부의 힘이 미치지 못해 관리하기 힘들었기 때문이지. 사정이 이렇다 보니 시간이 흐르면서 오래도록 사람이 살지 않는 섬들 가운데는 다른 나라 사람들이 드나들며 자기네 땅이라고 우기는 곳도 생겼어. 울릉도와 독도가 바로 그런 섬이었지. 울릉도와 독도를 되찾은 사람은 장군도 외교관도 아닌 평범한 어부 안용복이었단다.

【사람이 살지 않게 된 울릉도와 독도】

숙종 때까지 울릉도와 독도에는 200년 넘게 사람이 살지 않았어. 조선 초부터 섬에서 사람이 살지 않게 하는 정책을 펼쳤기 때문이야. 조선에서는 왜 이런 정책을 폈을까?

고려 말에도 왜구의 노략질이 심해지자 피해를 줄이기 위해 제주도, 거제도, 강화도, 남해도를 제외한 모든 섬을 비우게 한 적이 있었어. 조선이 건국되고 왜구의 침입이 수그러들면서 섬에 다시 사람들이 살게 되었지. 그런데 섬으로 온 사람들 중에는 죄를 짓거나 세금을 피해 들어온 사람도 많았어. 그러다 보니 정부에서 섬에 사는 사람들을 관리하기가 쉽지 않았지.

태종은 섬에 사는 백성들이 세금도 내지 않고 군역도 지지 않는다며 섬에 사람이 살지 못하도록 했어. 울릉도에 살던 사람들도 육지로 이주해야 했지. 그런데 이들을 데리러 갔던 배들이 난파하는 바람에 정책은 시행되지 못했단다.

울릉도 조선 정부가 섬에는 사람이 살지 못하게 한 정책에 따라 울릉도에 살던 사람들도 육지로 이주해야 했다.

울릉도와 독도가 모두 비워진 건 세종 때야. 세종은 울릉도에 관리를 파견해 70여 명의 사람들을 데리고 나오게 했어. 그 뒤로 한동안 울릉도는 사람이 살지 않는 섬이 되었단다.

【 안용복, 호키슈 태수를 만나다 】

세종 이후 울릉도와 독도는 사람들의 관심에서 멀어져 갔어. 울릉도와 독도가 다시 사람들의 관심을 끌게 된 것은 숙종 때 경상도 동래(지금의 부산)에 살았던 안용복이라는 어부 때문이란다.

어부로 고기잡이를 하며 살아가던 안용복은 어느 날 이상한 소문을 들었어. 일본 사람들이 울릉도나 독도에 와서 고기를 잡고 나무도 마구 베어 간다는 거야. 조선 어부들에게 횡포를 부린다는 얘기도 들려왔지. 안용복은 일본 어부들을 혼내 줘야겠다 생각하고 기회를 노렸어.

그러던 1693년 봄, 안용복은 박어둔을 비롯한 40명 남짓의 어부들과 함께 울릉도로 고기를 잡으러 갔다가 일본 어부들과 마주쳤어. 마침 안용복은 예전에 군함의 노를 젓는 수군으로 복무할 때 일본인들이 무역을 위해 많이 머물던 동래 왜관에 자주 드나들어서 일본어를 할 줄 알았어. 안용복은 일본어로 크게 야단쳤어.

"울릉도는 조선 땅인데, 어찌 너희가 여기서 고기를 잡고 있느냐?"

일본 어부들은 안용복의 호통에 당황했어. 울릉도에 조선 사람이 살지 않게 되고부터 그들은 이곳을 자유롭게 오가며 고기를 잡아 왔거든.

"여긴 우리 땅이오. 우린 몇십 년 동안 이곳에서 고기도 잡고 전복도 따 왔소. 게다가 우리 일본 조정이 여기서 고기잡이를 해도 좋다고 허락해 준 허가장까지 갖고 있소."

안용복은 일본 조정에서 고기잡이를 허가해 주었다는 말을 확인하려고 박어둔과 함께 일본으로 갔어.

안용복은 일본 호키슈의 태수를 만나 일본 어부들이 울릉도에서 고기를 마구 잡아 가는 것에 대해 강력하게 항의했어.

"울릉도는 조선의 땅이오. 사람이 살지 않는다고 허락도 없이 조선 땅을 침입하다니, 지금 우리 조선을 무시하는 겁니까? 다시는 이런 일이 없도록 울릉도가 조선 땅임을 인정하는 문서를 써 주시오. 그러지 않으면 조선으로 돌아가 정부에 보고하겠소이다."

안용복이 당당하게 일본의 잘못을 나무라자, 태수는 일본 조정에 보고하여 울릉도가 조선 땅임을 확인하는 문서를 써 주었어. 그러고는 안용복과 박어둔을 극진히 대접했어. 이들이 조선으로 돌아올 때는 호위 무사와 짐꾼까지 내주었지.

【 울릉도는 조선 땅, 죽도는 일본 땅? 】

그런데 안용복은 조선으로 돌아오는 길에 그만 쓰시마(대마도) 도주에게 문서를 빼앗기고 말았어. 쓰시마 도주는 울릉도에서 전복과 물고기가 많이 잡힌다는 걸 알고 호시탐탐 울릉도를 넘보고 있었어. 그래서 안용복이 호키슈 태수에게 받은 문서가 조선으로 넘어가지 못하게 꾀를 부린 거야. 안용복은 문서를 내주지 않으려고 버티다가 심한 고문까지 받았어.

쓰시마 도주는 문서를 빼앗은 것으로도 모자라 안용복과 박어둔에게 허락도 받지 않고 남의 나라 땅을 침범했다는 누명을 씌워 조선으로 보냈어. 동래 부사는 쓰시마 도주의 말만 믿고 이들을 감옥에 가두었지. 안용복은 억울했지만 누명을 벗을 길이 없었어.

이때 쓰시마 도주가 조선에 함께 보낸 편지 내용이란다.

조선의 백성들이 해마다 일본의 죽도에 배를 타고 와서 고기를 잡아 가기에, 우리 관리들이 죽도가 일본의 섬임을 자세히 알려 주고 다시는 오지 말라고 했습니다. 그런데 올봄에 조선 어민 40여 명이 죽도에 들어와 난잡하게 고기를 잡아서 두 명을 잡아 두어 증거로 삼으려 했으나, 조선에 돌려보내려 하니 다시는 이 같은 일이 생기지 않게 하십시오.

편지에 있는 죽도는 울릉도를 말해. 그 무렵 일본은 울릉도에 대나무가 많이 자란다 하여 죽도라 불렀어. 그런데 울릉도를 넘보는 일본을 혼내 주려던 안용복과 달리, 편지를 받아 본 조선 조정은 조심스러워했어. 뒤늦게 일본이 죽도라 부르는 곳이 울릉도라는 사실을 알게 되긴 했지만, 일본과 분쟁이 일어나 관계가 나빠질까 봐 걱정했던 거야. 또 울릉도는 섬을 비우는 정책으로 사람이 살지 않은 지 오래되어 관리가 소홀한 땅이라 일본 사람들이 와서 고기를 잡아 가는 것쯤은 상관없다고 생각한 관리들도 있었어.
하지만 선조에게 물려받은 땅을 그냥 내줄 수는 없었어. 그래서 조선 정부는 두루뭉술하게 답장을 써서 왜관에 머물고 있는 일본 관리에게 주었어. 조선의 울릉도라는 이름만 보존하고, 죽도는 일본 땅이라고 인정해 주어 분쟁을 피하려 했던 거지. 말하자면 울릉도와 죽도를 각각 다른 땅인 것처럼 해서 이 사건을 덮어 버리려고 했던 거야.

우리는 비록 조선의 울릉도라 할지라도 멀리 있어 마음대로 왕래를 못하게 하였는데, 일본의 섬인 죽도에 들어가 번거롭게 하였다니 죄를 물어 다시는 이 같은 일이 생기지 않도록 할 것이오.

답장을 받아 본 쓰시마 도주는 '조선의 울릉도'라는 말을 빼 달라고 요청했어. 수산 자원과 산림 자원이 풍부한 울릉도를 포기하고 싶지 않았던 거야. 쓰시마 도주가 계속 고집을 부리자 조선 조정은 그제야 울릉도를 내줄 수 없다는 뜻을 일본에 전하고, 울릉도와 독도 근해에 일본 어부들이 오지 못하게 했단다.

【 울릉도와 독도를 지키다 】

일본에서도 울릉도를 어떻게 할 것인지를 두고 의견이 오갔어. 일본 어부들이 80년 가까이 울릉도 일대에서 고기를 잡아 오긴 했지만 일본 사람들 또한 울릉도에 거주하지 않았기 때문에 작은 섬을 두고 조선과 관계가 어긋나지 않을까 걱정되었지. 그래서 일본 정부는 쓰시마 도주에게 울릉도가 조선의 땅임을 인정한다는 사실을 조선에 알리라고 명했어. 그러고는 일본 사람들이 울릉도에 가는 것을 금지했지. 하지만 쓰시마 도주는 명령을 어기고 시간을 끌면서 조선에 이런 사실을 알리지 않았단다.

한편 동래 감옥에 갇혀 있던 안용복은 석 달 만에 풀려났어. 그런데 여전히 울릉도와 독도에서 일본 어부들이 고기를 잡는다는 소식이 들려 왔어. 조선 조정의 안일한 대처에 실망한 안용복은 이번에도 스스로 나서기로 했어. 안용복의 마음은 지난번보다 비장했어. 한 번 더 일본에 가게 되면 이번에는 조정

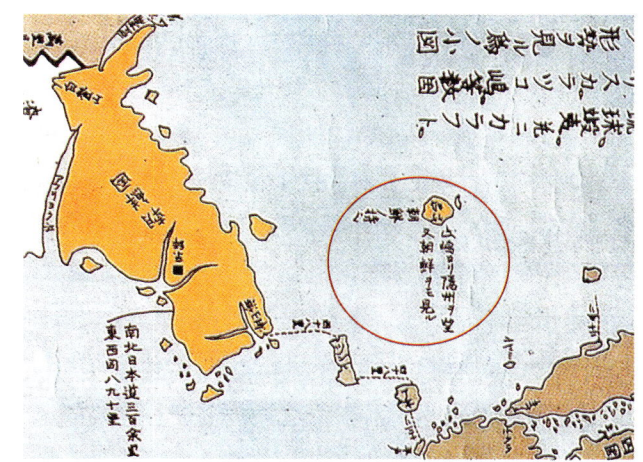

삼국접양지도 1785년 일본인 학자 하야시 시헤이가 제작한 지도이다. 울릉도와 독도를 조선 땅과 같이 노란색으로 표시하고, 그 옆에 '조선의 것'이라고 표기해 울릉도와 독도가 조선 영토임을 분명히 밝혀 놓았다.

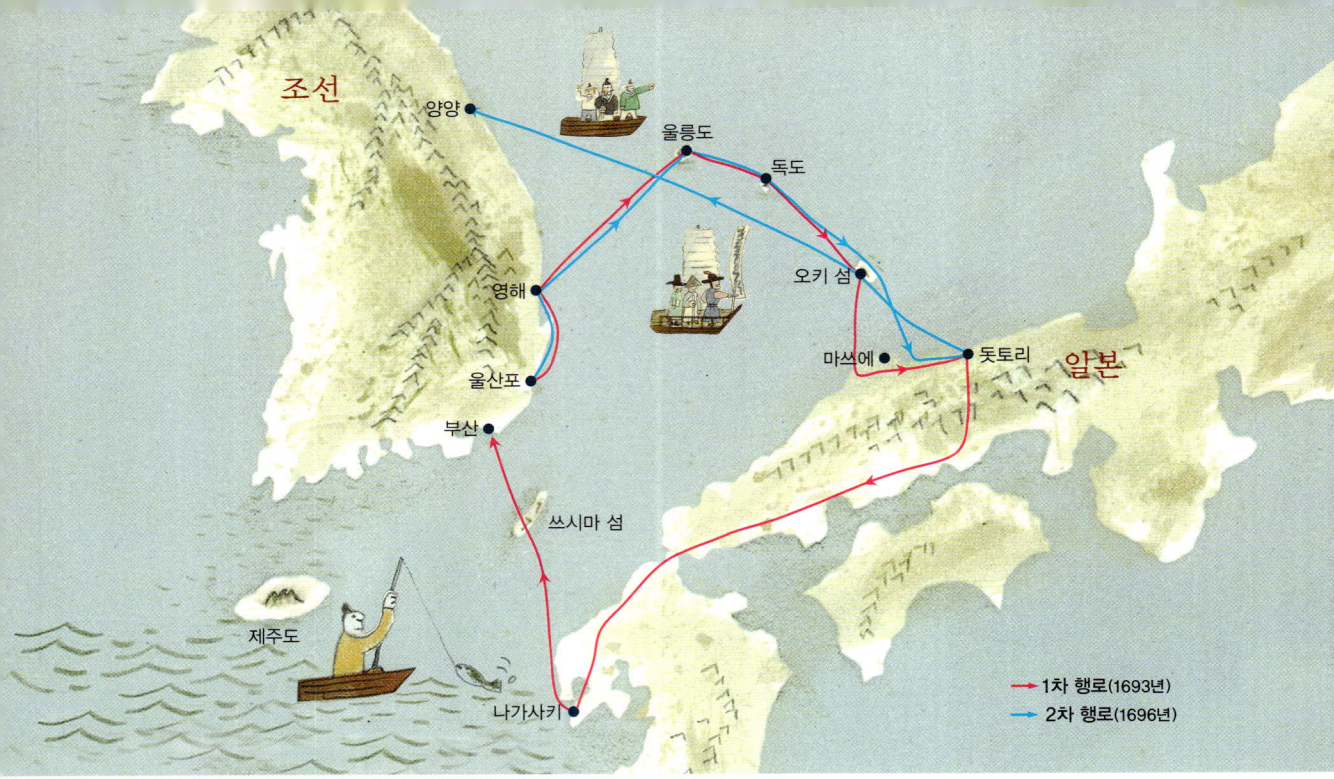

안용복의 일본 행로 안용복은 1693년과 1696년 두 차례에 걸쳐 일본에 가서 울릉도와 독도가 조선 땅임을 분명히 했다. 안용복의 활약으로 일본 정부는 잘못을 인정하고 일본인들이 다시는 울릉도에 드나들며 고기를 잡지 못하도록 하겠다고 약속했다.

대신들이 자기를 가만두지 않을 것 같았거든. 때문에 반드시 울릉도와 독도가 조선 땅이라는 일본 조정의 확답을 받아 와야 했어.

1696년, 안용복은 다시 울릉도로 향했어. 이번에는 울릉도와 독도를 감독하는 관리인 것처럼 관복을 입고 배에는 관리의 배라는 것을 알리는 깃발까지 걸었지. 일본 관리들이 함부로 대하지 못하게 꾸민 거야.

한참 만에 울릉도에 도착하니, 아니나 다를까, 일본 어부들이 고기를 잡고 있었어. 안용복을 발견한 일본 어부들은 급히 그물을 거두며 변명했어.

"우리는 송도에 사는 사람들인데 어쩌다 보니 여기까지 오게 되었소. 이제 돌아가려던 참이오."

"이놈들아, 송도라면 자산도(독도)가 아니냐! 자산도도 엄연히 조선 땅인데, 어찌 자산도에 살고 있다 하느냐!"

안용복은 놀라서 도망가는 이들을 쫓아 독도까지 갔다가 일본의 오키 섬까지 갔어. 안용복은 오키 도주를 만나 따졌어. 3년 전과 달리 이번에는 조선의 사신으로 간 셈이니 더 당당하게 굴었지.

"3년 전에 이미 당신네 어부들이 우리 땅에서 고기잡이하는 것을 막았거늘, 지켜지지 않고 있는 것은 일본 조정의 잘못이오."

오키 도주는 그 말을 듣고 울릉도와 독도에 간 어부 15명을 벌했어.

이 소식을 들은 쓰시마 도주는 깜짝 놀랐어. 아직까지 조선에 울릉도를 돌려준다는 통지를 전달하지 않았기 때문이야. 조정에서 내려온 명령을 따르지 않으면 사형당할 수도 있었거든. 결국 이듬해에 쓰시마 도주는 울릉도가 조선의 땅임을 인정한다는 일본 조정의 문서를 공식적으로 보내, 일본인들이 다시는 울릉도에 드나들지 못하도록 하겠다고 약속했어. 드디어 안용복의 노력이 결실을 맺은 거야.

그러면 조선으로 돌아온 안용복은 큰 상을 받았을까? 아니야. 상은커녕 조정의 허락 없이 국경을 넘어 일본에 간 것과 일본에서 관리 행세를 한 것이 문제가 되어 사형을 당할 뻔했어. 다행히 안용복의 공을 인정한 몇몇 관리들이 반대해 가까스로 목숨은 건졌지만, 귀양은 피할 수 없었지. 그 뒤로 안용복이 어떻게 되었는지는 기록이 없어서 아무도 모른단다.

이후 조선에서는 3년에 한 번씩 수토사를 보내 울릉도와 독도를 관리하게 했어. 일본이 조선을 식민지로 삼기 위해 검은 손길을 뻗기 전까지는 울릉도와 독도를 둘러싼 분쟁이 일어나지 않았어. 평범한 어부로서 민간 외교가 역할을 한 안용복의 활약이 없었다면, 일본이 지금도 자기네 땅이라고 우기는 독도는 물론이고 울릉도까지 일본 영토가 되었을지 모르는 일이야.

안용복 동상 안용복의 업적을 기리기 위해 부산 수영 사적 공원에 세웠다.

2 문화 중흥의 시대를 열다

영조와 정조가 나라를 다스리던 시기를 흔히 '조선의 르네상스'이자 정치·문화의 황금기라고 해. 그만큼 이 시기에는 사회·정치·경제·문화적으로 많은 변화와 발전이 이루어졌어. 실생활에 필요한 학문인 실학이 발전하고, 그림에서도 우리 민족의 정수를 담은 진경산수화와 풍속화가 유행했지. 한글 소설, 판소리, 탈놀이 같은 서민 문화도 크게 발전했단다.

키워드 10 영조

뚝심으로 조선의 중흥을 이끌다

영조는 조선의 왕 가운데 가장 오래 살고 가장 오랫동안 왕위에 있었던 왕이야. 무려 83세까지 살았고, 52년 동안 나라를 다스렸지. 영조가 왕위에 오르는 과정은 그리 순탄하지 않았는데, 그 배경에는 당쟁으로 얼룩진 붕당 정치가 있었어. 그런 만큼 영조는 무엇보다 붕당 정치의 폐해를 없애려고 애썼지. 영조는 탕평책을 실시해 정치를 안정시키고 백성을 위한 정책을 적극적으로 펼쳐 나가 조선 후기의 정치·경제·문화를 크게 발전시켰단다.

【 노론의 지지로 왕위에 오른 영조 】

경종이 나라를 다스리던 무렵은 노론과 소론의 다툼이 몹시 심한 때였어. 경종이 왕위에 오르기 전부터 노론과 소론은 숙종의 후계자 문제를 놓고 다투었는데, 소론은 왕세자인 경종을 지지했고 노론은 경종의 동생인 연잉군을 지지했단다.

경종과 연잉군은 모두 숙종의 아들이지만 어머니가 달랐어. 경종은 희빈 장씨의 아들이었어. 장 희빈은 후궁 신분이었다가 왕비인 인현 왕후가 궁궐에서 쫓겨나자 왕비 자리에 올랐지.

연잉군은 숙빈 최씨가 낳은 아들이었어. 숙빈 최씨는 궁중에서 허드렛일을 하던 천한 신분의 무수리였는데, 우연히 숙종의 눈에 들어 후궁 자리에 오르고 연잉군을 낳은 거야.

숙종이 경종에게 나랏일을 대신 돌보게 하다가 세상을 떠나자 경종이 왕위에 올랐어. 그래도 노론은 여전히 연잉군을 지지하며 연잉군을 통해 자신들의 힘을 키우려고 했지. 경종이 왕위에 오른 지 1년밖에 안 되었을 때 노론이 왕권에 정면으로 도전하고 나섰어. 연잉군을 왕세제로 삼으라고 경종을 압박한 거야. 왕세제는 왕의 동생으로, 다음 왕위를 이을 사람을 말해. 경종이 몸이 약한 데다 뒤를 이을 아들이 없으니 동생을 후계자로 미리 정해 놓아야 한다는 거였지.

노론의 압박에 경종은 할 수 없이 연잉군을 왕세제로 책봉했어. 그랬더니 이번에는 다시 경종의 건강 문제를 내세워 연잉군에게 나랏일을 맡기라고 주장했어. 처음에는 경종도 건강이 좋지 않아 대리청정에 찬성했지만, 소론의 격렬한 반대로 결국 연잉군의 대리청정은 없던 일이 되었어. 이 과정에서 노론과 소론의 대립은 더욱 심해졌지.

그러던 중 소론 쪽에 붙은 남인의 목호룡이라는 자가 노론이 역모를 꾀했다는 사실을 고발하고 나섰어. 경종이 왕위에 오르기 직전에 노론이 경종을 죽이고 연잉군을 왕으로 세우려 했다는 거야. 이때 역모 사건에 관련된 노론의 많은 사람들이 처형을 당했어. 사실이야 어떻든 노론이 왕으로 세우려 했다는 연잉군 또한 역적으로 몰려 죽음을 당할 수도 있는 상황이었지. 다행히 경종의 보호로 무사할 수 있었지만, 연잉군은 마음을 졸이며 한순간도 방심할 수 없었어.

그 뒤 경종은 계속되는 혼란스러운 정국에 신경을 많이 쓴 탓인지 건강이 점점 더 나빠져 왕위에 오른 지 4년 만에 세상을 떠나고 말았어.

경종이 죽자 노론의 지지를 받고 있던 연잉군이 드디어 왕의 자리에 올랐어. 그가 바로 영조란다.

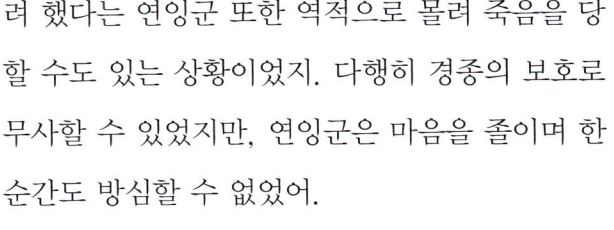

영조 어진(보물 932호)

【탕평책으로 정치의 안정을 꾀하다】

영조는 붕당 간의 다툼으로 목숨까지 위태로웠던 적이 있어서 붕당 정치의 폐단을 누구보다 잘 알았어. 하지만 노론의 지지를 받아 왕이 되었기 때문에 노론의 눈치를 보지 않기란 쉽지 않았어. 노론이 뒤에 버티고 있는 한 영조의 정치적인 입지는 약해질 수밖에 없었지. 게다가 천한 무수리 출신의 어머니에게서 태어났다는 사실도 두고두고 마음에 걸리는 일이었어. 그리 녹록지 않은 상황에 놓인 영조는 어떤 정책을 펼쳐야 조선을 잘 이끌어 갈 수 있을지 고민했단다.

영조는 붕당끼리 서로 다투는 것을 막고 안정적인 정치를 이끌어 가기 위해 '탕평책'을 실시하기로 했어. 탕평은 원래 유교 경전인 『서경』에 나오는 "무편무당 왕도탕탕 무당무편 왕도평평(無偏無黨 王道蕩蕩 無黨無偏 王道平平 : 어느 한쪽에 치우치지 않고 무리 짓지 않으면 왕도가 순조로워진다.)"이라는 글귀에서 따온 말이야. 곧 어느 쪽에도 치우치지 않고 공평하게 한다는 뜻이지.

영조는 어느 한쪽 당에 치우치지 않고 여러 당파의 인재를 골고루 뽑아 정치를 이끌어 가려 했어. 그런데 노론과 소론의 강경파는 서로 자기 붕당의 의리와 명분을 강하게 내세우며 상대방을 전혀 인정하려 하지 않았어. 이들은 서로 경종 때 있었던 일에 대해 옳고 그름을 확실하게 따져 처벌해야

탕평비 아직 벼슬길에 나아가지 않은 성균관 유생들에게 당쟁을 경계할 것을 당부하는 뜻에서 1742년 영조가 성균관에 세운 비이다. 현재 성균관대학교 안에 있다.

한다고 주장했어. 그래서 영조는 노론과 소론 강경파를 중요 관직에서 배제하고, 자신의 탕평책을 따르는 온건파를 당파에 상관없이 고르게 등용하여 탕평 정치를 펴 나갔어. 이러한 탕평책으로 왕권을 강화하고 붕당 정치의 폐단을 웬만큼 줄일 수 있었단다.

【 백성들을 위한 정책 】

영조는 열여덟 살부터 10여 년을 궐 밖에서 살다가 왕세제가 되고 나서 궁궐에 들어가 살았어. 숙종의 둘째 아들로 태어났지만 왕세자가 아니었기 때문에 궐을 떠나 살았던 거야. 궐 밖에 살며 백성들의 삶을 직접 보고 느꼈던 경험은 민생을 위한 정책을 결정할 때 큰 도움이 되었단다.

영조는 왕이 된 다음에도 근검절약하며 사치스러운 생활을 하지 않았어. 비단옷 대신 무명옷을 자주 입었고, 옷이 해지면 기워 입을 정도로 검소했다는구나. 조선의 왕은 보통 하루에 다섯 끼씩 먹었는데, 영조는 굶주린 백성들을 떠올리며 세 끼로 줄여 먹기도 했어. 반찬도 백성들을 생각해서 가짓수를 줄이고, 고기나 생선보다는 나물과 김치, 고추장 등을 먹었지.

나이가 든 영조는 수랏상을 받고 이런 말을 하기도 했어.

"내가 이렇게 건강한 것은 무명옷에 채식을 즐겼기 때문인 것 같다."

영조는 실제로도 조선의 왕 가운데 가장 오래 살았어. 조선 시대 왕들의 평균 수명이 47세쯤이었는데, 영조는 83세까지 살았으니까 말이야.

영조는 이처럼 스스로 검소하게 생활하는 모범을 보이면서 왕실과 신하들이 사치하지 못하게 하여 나라 재정이 낭비되는 일이 없게 했어. 어려운 백성들을 생각하여 그 무렵 양반 사회에 널리 퍼져 있던 사치 풍조를 없애기 위해 여러 조치를 시행하기도 했지.

그중 하나가 양반들이 혼인할 때 사치하지 못하도록 가체 금지령을 내린 거야. 가체는 여자들이 머리숱이 많아 보이도록 머리에 올리는 가짜 머리카락 다발인데, 이것을 옥이나 비취 같은 보석으로 장식했기 때문에 비용이 꽤 많이 드는 사치품이었어. 좋은 가체는 웬만한 집 한 채 값과 맞먹어서, 신부에게 예물로 가체를 해 주어야 하는 신랑 집에서는 비용 부담 때문에 혼례를 미루는 일까지 있었다고 해.

영조는 또 흉년이 들면 먹을 것도 없는 마당에 곡식으로 술을 빚어 마시는 것은 곡식을 낭비하는 것이라며 금주령을 내렸어. 만약 명령을 어기고 술을 빚거나 마시다가 들키면 벼슬을 빼앗고 벌을 주었지. 몰래 술을 빚어 마신 평안도 남병사의 목을 베어 죽일 정도로, 금주령을 어기면 엄하게 다스렸어.

가체를 얹은 여인
조선의 여성들은 머리숱을 풍성하게 보이려고 머리에 가체를 얹었다.

영조는 연산군 때 없어졌던 신문고를 궁궐 앞에 다시 설치해 백성들이 북을 쳐서 억울한 일을 직접 알릴 수 있게 했어. 백성들의 목소리를 생생하게 들으려 한 거야. 영조는 자주 궁궐 밖으로 나가 백성들의 목소리를 들었던 왕으로도 유명해.

영조는 죄를 지은 사람을 너무 가혹하게 고문하거나 양반이 사사로이 백성을 벌주는 것을 막기 위해 형벌 제도도 고쳤단다. 살인 같은 큰 죄를 지은 사람도 세 번 재판받는 것을 지키게 했어. 신중하게 판결해서 억울한 죽음이 없도록 한 거야.

또한 청계천 준천 공사를 벌여 홍수의 피해를 막고 청계천 주변에 사는 백성들의 불편을 덜어 주기도 했단다.

【 군역법을 실시하다 】

영조가 백성을 위해 펼친 정책 중에서 가장 훌륭한 것은 균역법을 실시한 일이었어. 백성들이 내는 세금 가운데 부담이 가장 큰 군포에 관한 제도를 고친 거야.

이 무렵 백성들이 나라에 내야 하는 세금에는 크게 전세와 공납, 군포가 있었어. 전세는 토지에 매기는 세금이고, 공납은 나라에 특산물을 바치는 것이고, 군포는 군대에 가지 않는 대신 세금으로 옷감을 내는 것이란다. 공납의 문제점은 대동법을 실시하면서 백성의 부담을 웬만큼 덜어 주는 방향으로 해결되었지만, 군역의 의무를 지는 대신 세금으로 내는 군포는 여전히 백성들에게 가장 큰 부담이었어. 16세부터 60세까지의 양인 남자 가운데 군역을 지지 않는 사람은 1년에 군포 2필을 내야 했거든. 한 집에 장정이 서너 명 있을 경우, 부담은 더욱 클 수밖에 없었지.

게다가 시간이 갈수록 군역의 공평하지 않은 점이 드러났어. 양반은 군역의 의무가 없기 때문에 일부 돈 많은 양인들은 군역을 피하기 위해 돈을 주고 관직을 사거나 족보와 호적을 위조하여 양반 신분이 되었어. 아예 군역을 피하기 위해 노비로 신분 하락을 자청하는 사람도 늘어났지.

이처럼 갖은 수를 써서 군역을 피하는 사례가 늘어나면서 그 부담은 고스란히 힘없는 백성들의 몫이 되고 말았어. 모자란 세금을 메우기 위해 군역의 의무가 없는 어린아이나 노인에게도 군포를 내라 하고, 군역의 부담을 이기

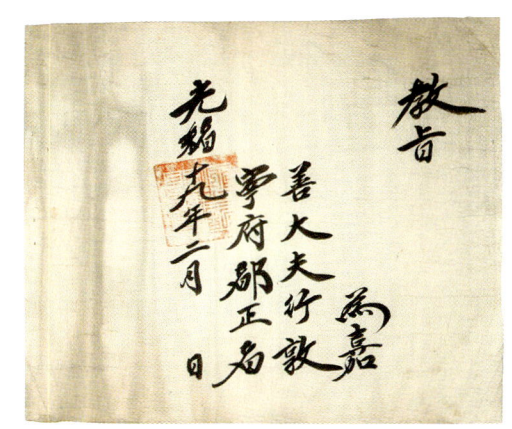

공명첩 돈을 내면 관직을 내려 주는 임명장이다. 말 그대로 이름 쓰는 곳이 비어 있어서 '공명첩'이라고 한다. 허울뿐인 관직이지만 양반이 되면 군역의 의무를 면제받을 수 있었다.

문화 중흥의 시대를 열다

지 못해 도망간 이웃이나 친척의 군포까지 대신 내게 했거든.

　영조는 이러한 문제를 해결하기 위해 군역에 관한 항목들을 꼼꼼히 살피고, 궁궐 앞에 나가 백성들을 직접 만나 의견을 듣기도 했어. 신하들은 군포를 줄이면 나라 재정에 문제가 생긴다며 반대했지.

　그럼에도 영조는 뜻을 굽히지 않고 1750년 균역청을 설치하여 본격적으로 균역법을 실시했어. 군포를 1년에 2필에서 1필만 내게 한 거야. 군포의 부담을 어느 정도 덜게 되자 백성들은 균역법 시행을 크게 반겼어.

　그런데 군포를 반으로 줄이면 자연히 나라 재정 수입이 줄어들겠지? 그래서 부족한 부분은 새로운 토지세를 만들어 충당했어. 땅을 갖고 있는 지주들에게서 1결(3천 평)당 쌀 2말이나 돈 5전씩을 받은 거야. 땅이 많은 양반 지주들의 부담이 커진 셈이지. 또 양반은 아니지만 여러 방법으로 군포 부담에서 벗어나 있던 부유한 양인들에게도 선무군관이라는 직위를 주고 대신 군포를 걷었어. 그리고 왕실에서 걷어 쓰던 세금의 일부를 정부 재정으로 돌렸어. 나라에 신고하지 않고 지방 관리가 사용하던 땅을 찾아내 세금을 물리기도 했단다.

【 활발한 편찬 사업 】

영조는 탕평책으로 왕권을 강화하고, 균역법으로 백성들의 세금 부담을 덜어 주는 정책을 펼쳐서 정치와 경제의 안정을 꾀하는 한편, 갖가지 문화 사업과 학술 사업에도 힘을 쏟았어. 영조는 학문을 좋아해서 스스로 책을 쓰기도 하고 인쇄술도 개량해 많은 책을 편찬했단다.

　영조는 학문과 제도를 정비하기 위해 각종 편찬 사업을 독려했어. 우선 앞선 시대에 출판되었던 책들을 보충하여 속편을 간행하게 했어.『국조속오례의』는 조선 전기의 의례서인『국조오례의』를,『속대전』은 법전인『경국

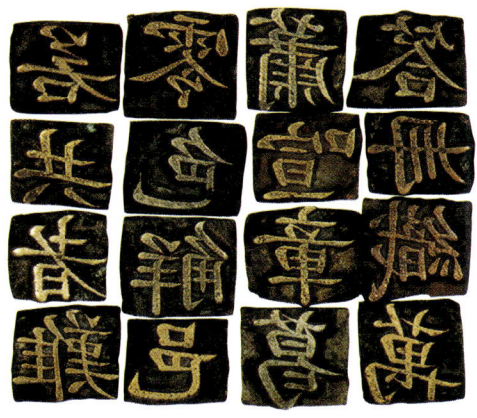

임진자 임진년(1772년)에 만든 금속 활자로, 모두 15만 자에 이른다.

대전』을, 『속병장도설』은 병법서인 『병장도설』의 속편 또는 증보판 성격을 띤 책이었어.

영조는 『해동지도』, 『동국여지도』 등 지도 제작과 지리지 편찬에도 관심을 기울였어. 지리지는 자연환경을 비롯해 생산물, 교통 사정, 인구 분포, 출신 인물 등 나라를 다스리는 데 필요한 정보를 담고 있어. 영조 때 만들어진 지도와 지리지는 통치 질서를 정비하는 데 큰 바탕이 되었고, 훗날 김정호가 『대동여지도』를 만들 때 중요한 자료로 활용된단다.

【 아들을 죽인 비정한 아버지 】

영조는 조선 후기 정치·경제·문화의 중흥을 이끈 왕이야. 그러나 그 이면에는 아들을 죽인 비정한 아버지라는 그늘도 있어. 영조는 누구보다 백성을 사랑하고 따뜻하게 보살핀 임금이었어. 그런데 어떻게 아들인 사도 세자에게는 그토록 매정했던 걸까?

영조는 첫째 아들 효장 세자를 잃고 42세라는 늦은 나이에 다시 아들을 얻었어. 그 귀한 아들이 바로 사도 세자였지. 사도 세자는 세 살 때부터 글을 읽고 글씨까지 쓸 정도로 무척 총명했다고 해. 영조는 그런 세자에게 큰 기대를 걸었어. 그런데 사도 세자는 자랄수록 점점 글공부를 게을리하고 칼싸움이나 활쏘기 등에 관심을 쏟아, 학문에 힘쓰기를 바라는 영조의 기대를 저버렸지.

세심하고 민첩한 자신과는 달리 말이 없고 행동도 민첩하지 못한 세자를

문화 중흥의 시대를 열다

보는 영조는 답답하기만 했단다. 세자를 잘 키워 왕위를 물려주려던 영조는 비뚤어지는 세자가 마음에 들지 않아 신하들이 있는 곳에서도 흉을 보고 꾸짖었어. 날씨가 좋지 않아도 세자 탓을 하니, 세자는 날이 흐리기라도 하면 꾸중을 듣지 않을까 걱정할 정도였어. 영조의 질책이 심해질수록 사도 세자의 반발심은 커져 갔고 행동도 점점 거칠어졌어.

부자 사이는 영조가 세자에게 나랏일을 대신 맡아 보게 하면서부터 더 벌어졌어. 경험이 부족한 세자가 국정 운영에 미숙한 것을 못 참고 영조는 사사건건 세자를 꾸중하며 못마땅하게 여겼어. 한번은 세자가 일을 잘못 처리했다고 영조가 크게 화를 내는 바람에, 세자는 홍역에 걸린 몸으로 사흘 동안이나 눈 속에 꿇어앉아 죄를 빌어야 했어. 세자는 점점 더 아버지를 두려워하게 되었어. 사람 발소리만 들어도 가슴이 막히고 뛰는 증상이 나타났는데, 발작을 일으키면 순간적으로 내관과 나인들을 마구 죽이기까지 했단다. 심지어는 자기 방에 내관을 대신 앉혀 놓은 채 영조의 허락도 받지 않고 궁을 몰래 빠져나가 20여 일 동안 평안도 지방을 유람하고 돌아오기도 했어.

영조는 세자가 평안도를 여행한 사실을 뒤늦게 알고 세자에 대한 신뢰를 완전히 접어 버렸어. 그러던 중 나경언이라는 자가 영조에게 세자의 비행 10가지를 고해바쳤어. 세자가 자신의 아들을 둘이나 낳은 후궁을 죽이고, 여승을 궁에 불러들이고, 상인들에게 진 빚을 갚지 않았으며, 몰래 평안도 지방을 유람하고 왔다는 등의 내용이었지.

그러잖아도 세자를 깊이 불신하고 있던 터에 세자의 비행을 자세히 알게 된 영조는 왕실과 나라의 앞날을 위해서라도 세자를 그냥 둘 수 없다고 판단했어. 세자의 장인 홍봉한은 세손이라도 보전해야겠다는 생각에 영조의 뜻에 동조했지.

1762년 윤 5월, 영조는 결국 세자를 쌀을 담는 뒤주 속에 가둔 뒤 직접 뚜껑을 닫고 자물쇠를 채웠어. 세자는 뒤주 속에 갇힌 지 여드레 만에 28세의 젊은 나이로 처참하게 죽고 말았단다.

세자가 죽은 뒤 영조는 세자의 죽음을 안타까이 여긴다는 뜻에서 '사도'라는 시호를 직접 내리고 묘지문도 친히 지어 주었어. 그러고는 세자가 뒤주에서 죽은 일을 절대 거론하지 말 것을 엄명했단다.

왕인 아버지가 아들을 죽인 사건은 조선 왕실 역사상 가장 비극적인 일이었어. 훗날 사도 세자의 부인 혜경궁 홍씨는 자기의 일생을 담은 『한중록』이라는 책에서 사도 세자의 정신 질환과 영조와의 갈등이 사도 세자를 죽음에 이르게 했다고 썼어.

『한중록』 사도 세자의 부인 혜경궁 홍씨가 자신의 일생을 적은 글이다. 사도 세자가 뒤주에 갇혀 죽기까지의 과정도 자세히 적혀 있다.

그렇지만 아들이 아무리 정신 질환을 앓고 잘못을 저질렀다 해도 뒤주에 가둬 죽여야만 했는지는 선뜻 이해하기가 어려워. 그런 만큼 사도 세자의 죽음을 둘러싸고 후대에 여러 가지 해석이 나왔지. 가장 많이 알려진 이야기는 소론과 가까운 세자가 왕위에 오르면 밀려날 것을 염려한 노론 세력이 세자를 모함해 죽음으로 몰고 갔다는 거야. 곧 사도 세자는 당파 싸움의 희생양이라는 거지. 또 세자가 영조를 몰아내기 위한 반란을 준비하려고 평안도에 다녀온 것이라는 견해도 있어.

사도 세자가 왜 죽어야만 했는지에 대해서는 지금도 여러 의견이 엇갈리고 있단다.

키워드 + 청계천 준천 공사

쌓인 흙을 파내 물을 흐르게 하라

영조가 왕위에 있던 18세기는 산업과 도시가 발달하던 시기였어. 상업이 발달하면서 농촌 사람들은 한양으로 몰려들기 시작했지. 고향을 떠나 떠돌이 생활을 하던 백성들과 갖가지 세금에 시달리던 농민들은 상업이 발달한 한양으로 물자가 모이는 것을 보면서, 이곳이라면 먹고 살 수 있으리라는 희망을 품고 몰려든 거야. 지방에서 한양으로 온 가난한 백성들은 집을 구하지 못해 산비탈이나 하천 주변에 움막을 짓고 살았어. 이들은 시전이나 한강 나루터에서 날품팔이를 하며 하루하루 간신히 생계를 이어 갔단다.

그런데 청계천 주변에 점점 더 많은 사람들이 몰려들면서 심각한 문제가 발생했어. 사람들이 버린 온갖 쓰레기 때문에 깨끗했던 청계천 물이 더러워져 악취가 나는 데다, 큰비가 오면 하천이 흘러넘쳐 주변의 집들이 물에 잠기고 사람들이 물에 빠져 죽기도 한 거야.

지금은 건물과 도로 때문에 찾아보기 힘들지만, 원래는 한양을 둘러싸고 있는 산에서 흘러내린 물이 청계천으로 모여드는 모습을 볼 수 있었어. 봄가을에는 청계천에 물이 거의 없지만, 비가 많이 내리는 여름에는 흘러드는 물과 흙이 넘쳐서 주변의 집들이 물에 잠기고 다리가 무너지거나 인명 피해가 생기기도 했어.

그래서 조선의 왕들은 도심 한가운데를 흐르는 청계천을 관리하는 데 신경을 많이 썼어. 태종과 세종은 청계천에 쌓인 흙을 파내고 제방을 다시 쌓는 공사를 했지. 하지만 임진왜란 이후 나라 살림이 어려워지면서 공사를 하기도 힘들어지고, 밀려드는 백성들 때문에 청계천은 생활 하수와 갖가지 쓰레기로 오염되고 말았단다.

더구나 영조 때는 한양 백성들이 땔감으로 쓰려고 한양 주변 산에서 나무를 베어 내는 바람에 적은 비에도 산에서 빗물과 흙이 함께 쓸려 내려와 청계천을 메우는 일이 잦았어. 심지어 청계천에 놓인 다리 가운데 하나인 광충교에는 흙이 다리 위에 닿을 만큼 쌓여서 비라도 내리면 큰일 날 참이었지.

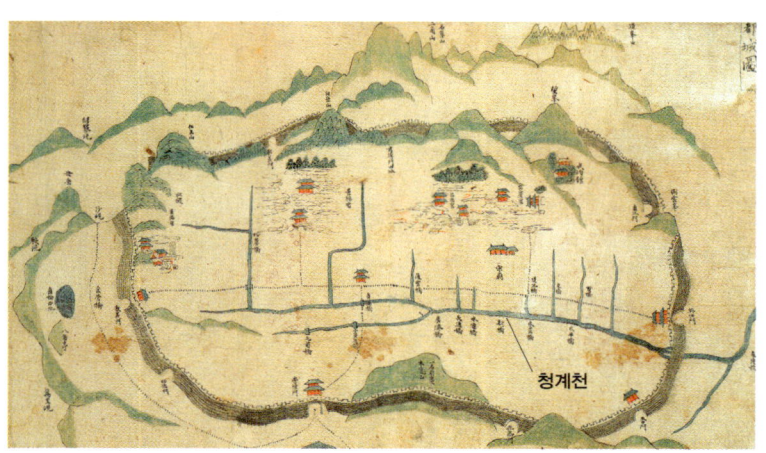

도성도
북악산, 인왕산, 남산 등 사방이 산으로 둘러싸인 분지 형태의 도시 구조 때문에 한양에서는 늘 홍수를 걱정해야 했다. 그래서 조선의 왕들은 도심 한가운데를 흐르는 청계천을 관리하는 데 특별히 신경 썼다.

수문상친림관역도 영조가 청계천 준천 공사 현장을 직접 방문해 살펴보는 모습을 담은 그림이다. 일꾼들이 소와 쟁기를 이용해 개천 바닥을 깊이 파내고 있다.

　영조는 물이 잘 빠져 흘러가도록 개천 바닥에 쌓인 흙을 파내고 바닥을 깊게 만드는 준천 공사를 벌이기로 했어. 청계천 준천 공사에 백성들을 동원하면 백성들의 불만이 높아질 수 있다고 반대하는 신하들도 있었지만, 영조는 오히려 청계천 준천 공사에 필요한 기술자나 일꾼들에게 품삯을 주어 가난한 백성들의 경제적인 고통을 조금이나마 덜어 줄 수 있다고 생각했지. 이는 오늘날로 치면 국가나 자치 단체에서 실시하는 공공 근로 사업이라고 볼 수 있단다.

　1760년 2월, 마침내 청계천 준천 공사가 시작되었어. 한양의 일반 백성을 비롯해 각 시전의 상인과 승려, 군인 등 다양한 계층의 백성들이 속속 모여들었어. 지방에서 올라온 사람도 있었지. 영조는 "내 마음은 오로지 준천 사업에 있다."고 말할 정도로 이 일을 중요하게 여겼어. 공사가 시작되고 나서 날마다 보고를 받는 것은 물론이고 현장을 직접 둘러보기도 했어. 가장 어려웠던 동대문 부근의 오간수문 공사가 엿새 만에 끝나자, 영조는 세손(훗날의 정조)까지 데리고 나가 수고한 백성들을 위해 잔치를 벌이기도 했지.

　청계천 준천 공사는 57일에 걸친 공사 기간 동안 모두 21만 5천여 명의 백성이 동원되었고, 이 가운데 일자리가 없는 백성 6만 3천여 명에게는 품삯이 지급되었어. 총 공사 비용으로는 3만 5천 냥과 쌀 2,300석이 들었단다.

　이처럼 많은 인력과 비용이 들어도 청계천 준천 공사는 백성들을 위해 꼭 해야 하는 일이었어. 그래서 영조는 자신이 나라를 다스리는 동안 가장 중요한 사업이 균역법 실시와 청계천 준천 사업이었다고 평가할 만큼 청계천 준천 공사에 큰 자부심을 보였단다.

키워드 11 정조

모든 백성이 잘사는 조선을 꿈꾸다

조선의 역대 왕 가운데 훌륭한 왕을 꼽으라면 아마 세종과 정조를 꼽는 사람이 많을 거야. 두 임금 모두 백성을 제 몸처럼 사랑하고, 학문이 뛰어났으며, 조선의 정치와 문화를 활짝 꽃피운 성군이었지. 하지만 세종과 정조가 나라를 다스리던 시기의 상황은 서로 사뭇 달랐어. 아버지 태종이 만들어 놓은 강력한 왕권의 바탕 위에서 안정적으로 정치와 문화를 발전시킬 수 있었던 세종과 달리, 정조는 왕위에 오르기 전부터 험난한 과정을 겪어야 했단다.

【 탕평 정치와 개혁의 방향 】

정조는 열한 살 때 아버지 사도 세자가 할아버지 영조의 명에 따라 뒤주에 갇혀 죽는 비극을 겪었어. 그 뒤로 정조는 죄인의 아들이라는 멍에를 쓰고 한껏 몸을 낮추며 살얼음판 같은 세손 시절을 보내야 했어. 정조가 왕위에 오르면 사도 세자의 죽음을 막지 못한 자신들도 무사하지 못할 거라고 여긴 노론 세력은 정조가 왕위에 오르는 것을 결사적으로 막았어. 심지어 사람을 시켜 세손의 거처를 감시하고 엿보기까지 했지. 얼마나 불안했으면 정조는 세손 시절에 옷을 벗고 편안히 잠자리에 든 적이 없었다고 해.

다행히 손자를 아끼고 적극 보호해 준 영조 덕분에 정조는 영조가 세상을 떠난 뒤 왕위에 오를 수 있었단다.

1776년 정조가 왕위에 오를 무렵, 조정에서는 외할아버지 홍봉한을 비롯한 외척 세력과 노론이 세력 다툼을 벌이고 있었어. 정조는 외척 세력이 중심이 되어 정국을 운영하면 왕권이 약해진다는 것을 잘 알고 있었어.

정조는 무엇보다 왕권이 튼튼해야 나라를 안정적으로 이끌어 나갈 수 있다고 생각했어. 그래서 함부로 권세를 휘두르며 자신이 왕위에 오르는 것을 방해했던 홍인한, 정후겸 등 외척 세력을 제거했단다.

정조는 영조의 뜻을 이어받아 탕평책을 펴기로 했어. 그런데 할아버지의 탕평책은 온건파를 등용하여 붕당의 폐해를 극복한 듯 보였지만 여전히 노론의 힘이 셌어. 또한 노론과 소론을 번갈아 공평하게 등용하다 보니 능력 위주로 사람을 뽑지 못했어. 임금의 뜻에 맞는 관리를 뽑는 것 또한 왕의 비위를 맞추는 이들이 자리를 차지하게 되어 결국엔 외척 세력을 키우는 결과를 낳고 말았지.

정조는 영조의 탕평책이 안고 있는 한계를 극복하기 위해 더욱 적극적인 탕평책을 구상했어. 탕평을 지지하는 온건파를 주로 등용했던 영조와 달리 의리와 명분을 강하게 내세우는 노론 강경파는 물론 소론과 남인 강경파도 등용했어. 반대 세력을 힘으로 누르기보다는 통합하는 방향을 택한 거야. 정조는 자기 침소에 '탕탕평평실'이라는 글귀를 적어 놓고 아침저녁으로 바라보며 탕평의 의지를 굳게 다졌다고 해.

정조는 왕위에 오른 지 2년 뒤 자신이 생각하는 개혁 정치의 방향을 발표했어.

"첫째, 백성들의 살림살이가 나아지도록 할 것이오. 둘째, 인재를 기를 것이오. 셋째, 군사 제도를 정비하고 국방을 튼튼히 하여 백성들이 안전하게 살게 할 것이오. 넷째, 국가

정조 어진 (1989년 제작)

재정을 늘려 나라 살림을 안정적으로 꾸려 갈 것이오."

정조는 나라를 다스리는 동안 이 네 가지 개혁 과제를 실현하기 위해 노력했어. 그런데 탕평 정치와 개혁 정치를 제대로 펴 나가려면 붕당 싸움에 휘둘리지 않는 강력한 왕권이 필요했어. 그래서 정조는 규장각에서 젊은 인재를 기르고, 왕을 안전하게 지켜 줄 친위 부대 장용영을 새로 만들어 군사권을 든든히 함으로써 왕권을 튼튼히 하는 기반으로 삼았단다.

【 개혁과 문학 중흥의 산실, 규장각 】

정조는 세종 못지않게 학문이 뛰어난 학자 군주였어. 세손 시절부터 학문을 향한 열의가 대단해서 병이 났을 때 말고는 그날그날 반드시 읽기로 계획한 데까지 읽지 않으면 잠자리에 들지 않았다고 해. 이처럼 계획적인 독서 습관은 왕이 되어서도 이어졌어. 정조는 100권이나 되는 방대한 양의 개인 문집인 『홍재전서』를 남겨 놓았는데, 이는 국왕으로서 정조가 얼마나 철저하게 학문을 연구했는지 잘 보여 준단다.

이처럼 학문을 중요하게 여긴 정조는 학문에 바탕을 둔 정치를 펴고, 당파에 관계없이 학식과 능력이 뛰어난 인재를 기르기 위해 규장각을 설치했어. 규장각은 원래 숙종 때 역대 왕들이 쓴 글이나 글씨 등을 모아 놓은 작은 건물이었는데, 정조가 즉위한 뒤 경희궁에서 창덕궁으로 처소를 옮기면서 새로 지은 거야.

초기에는 왕실 도서관으로 시작했지만, 정조는 차츰 규장각을 학술과 정책 연

『홍재전서』 정조가 세손 시절부터 왕위에 있는 동안 지은 시문, 문서, 교지 등을 모아 놓은 시문집이다.

구 기관으로 변화시켰어. 규장각에 수만 권의 책을 갖추고, 수많은 책을 편찬하기도 했지.

　정조는 신분과 당파에 관계없이 젊고 능력 있는 인재들을 규장각에 불러들였어. 특히 서얼 출신인 박제가, 유득공, 이덕무, 서이수 등 학식이 뛰어난 자들을 검서관에 임명했어. 검서관은 책을 교정하고 문서를 작성하는 등 규장각의 실무를 맡은 벼슬이야. 정조가 규장각에 머무르는 시간이 길어지면서 승정원과 비슷한 왕의 비서 역할도 하게 되지.

　조선 시대에는 양반이라 해도 첩이 낳은 자식이나 자손은 서얼이라 해서 여러모로 차별을 받고 벼슬길에 나아가기가 힘들었어. 그런 서얼 출신이 규장각의 검서관이 될 수 있었던 것은 붕당의 영향을 받지 않는 인재를 기르려고 한 정조의 개혁 의지 덕분이었단다.

　정조는 규장각에 힘을 실어 주고 외부의 간섭을 받지 않도록 하기 위해

규장각이 있던 창덕궁 주합루　정조는 왕위에 오르자마자 창덕궁에서 경관이 가장 아름다운 곳에 2층 건물을 짓고, 1층에 규장각을 두었다. 2층은 책을 보는 열람실로 사용했다.

아무리 관직이 높은 신하라도 규장각에 함부로 들어올 수 없게 했어. 그리고 '객래불기(客來不起 : 손님이 와도 일어나지 마라)' 같은 현판을 직접 내려서 규장각 신하들이 학문에만 전념할 수 있도록 배려했지.

정조는 과거에 합격한 사람 가운데 37세가 넘지 않은 젊은 인재를 뽑아 규장각에서 3년쯤 특별 교육을 하는 '초계문신 제도'를 실시했어. 초계문신에 뽑히면 이런저런 잡무에 시달리지 않고 학문에 전념할 수 있었어. 이들은 한 달에 두 차례 시험을 보고, 성적에 따라 상과 벌을 받았어. 한 달에 한 번씩은 왕의 강의를 듣고 왕 앞에서 시험을 치렀지. 그러니까 왕이 스승이 되어 초계문신들을 직접 교육한 거야.

정조는 이런 제도를 바탕으로 초계문신들을 자신에게 충실한 신하로 키워 나갔어. 정조가 왕위에 있는 동안 138명이 초계문신에 뽑혔고, 이들 가운데 반 이상이 높은 벼슬자리에 올라 정조의 개혁 정치를 도왔지. 대표적인 초계문신이 실학자로 유명한 정약용이란다.

정조는 규장각을 중심으로 서적 편찬에도 힘썼어. 정유자, 한구자, 생생자, 정리자 등 새로운 활자를 만들어 많은 책을 펴냈지.

규장각에서 편찬한 책들의 목록과 설명을 담은 『군서표기』라는 책에 따르면, 규장각에서 편찬한 책은 모두 151종 3,960권이나 돼. 유교 경전, 역사서, 문학서, 지리서, 의학서, 천문서, 군사서, 음운서, 정치 이론서, 음악 이론서, 각 관청의 역사와 기능을 정리한 관서지 등 다양한 분야의 책들이 망라돼 있어. 이는 중국 청나라에 결코 뒤지지 않는 것으로, 정조 대에 학문과 문화가 얼마나 발전했는지 알 수 있단다.

규장각에서 펴낸 책 가운데 주목할 만한 것은 『일성록』이야. 왕의 일기에서 출발한 국정 최고 기록물이라 할 수 있지. '일성록'이란 하루를 반성하는 기록이라는 뜻이란다. 정조는 세손 시절부터 날마다 자기가 한 일을 기

『일성록』 왕의 주변에서 매일 일어난 일들을 요점 정리하는 식으로 간추린 책이다. 왕의 일기에서 출발하여 국정 최고 기록물이 된 『일성록』은 그 가치와 독창성을 인정받아 2011년 유네스코 세계 기록 유산에 등재되었다. 국보 153호.

록하고 반성하는 데에도 철저했다고 해. 『일성록』은 정조가 세손 시절부터 즉위 후 5년까지 쓴 일기 형식에서 출발했는데, 그 뒤에는 규장각 신하들에게 왕이 한 일이나 중요한 나랏일을 매일 기록하게 하여 나라의 공식 일기가 되었지. 『일성록』에는 정조 때 추진한 개혁 과정을 살펴볼 수 있는 자료들까지 꼼꼼하게 정리되어 있어서 후대 왕들의 통치 자료로 널리 활용되었단다.

【 금난전권을 폐지하여 상업을 발전시키다 】

조선 후기에는 상업이 크게 발달했어. 17세기 이후 농업 생산력이 늘어나고 수공업 생산이 활발해지면서 상품의 유통이 활성화되었어. 세금이나 소작료를 화폐로 납부하게 하면서 상품 화폐 경제가 발달했고, 농촌에서 도시로 인구가 모여들면서 상업 활동도 활발해졌지.

18세기 중엽에는 전국 곳곳에 1,000곳이 넘는 시장이 들어섰어. 지방마다 시장이 서고, 각종 물건들이 한양을 비롯한 대도시로 모여들었지. 특히 한양에는 한강을 따라 몰려드는 물건이 줄을 이었어. 한양으로 모여든 사람만큼이나 필요한 물건도 많아졌으니 팔 수 있는 곳도 늘어났지. 한양에는 종루와 배오개, 칠패 등의 시장이 유명했어.

지방에도 닷새마다 열리는 5일장, 열흘마다 열리는 10일장 등 정기적으로 시장이 열렸어. 고을마다 한 달 동안 장이 서지 않는 날이 없다고 할 정도였지. 장이 서는 날에 맞추어 물건을 팔기 위해 사람들이 모여들었는데, 지방을 돌아다니며 물건을 파는 보부상도 있었어.

보부상 신표
보부상이 자신의 신분을 증명하는 일종의 신분증이다.

보부상은 '보상'과 '부상'을 뜻하는 말이야. '보상'은 값이 비싼 금은 세공품이나 붓, 벼루 등을 보자기에 싸서 들고 다녀 봇짐장수라고 불렀고, '부상'은 나무로 만든 밥상, 그릇 등 일용품을 지게에 지고 다녀 등짐장수라고 불렀단다.

상업적인 이득을 얻어 경제적으로 힘을 가진 상인들이 생기면서 이들이 모여 조직을 만들기도 했는데, 한양의 경강 상인과 개성의 송상, 의주의 만상, 동래(부산)의 내상이 있었어. 만상은 청나라를 상대로, 내상은 일본을 상대로 국제 무역을 하기도 했지. 송상은 만상과 내상을 끼고 청나라와 일본을 상대로 인삼과 은을 판매하는 중개 무역을 하여 많은 이익을 남기기도 했어.

이렇게 상업에 종사하는 사람들이 점점 늘어나자 정조는 상업을 활성화하기 위해 한양의 시전 상인들이 갖고 있던 '금난전권'을 폐지하기로 했어. 금난전권은 육의전을 포함한 일부 시전들이 관청에 물품을 공급하거나 중국에 보내는 공물을 부담하는 등 국역을 지는 대신, 자기들이 취급하는 물품을 독점해서 판매할 수 있는 권리였어.

나라에서는 금난전권을 가진 시전의 물품은 도성 안과 성 밖 10리 안에서 팔 수 없게 했는데, 한양 주변에 난전(나라에 등록하지 않고 장사하는 행위)

이 유행하자 시전 상인들은 금난전권, 곧 난전을 금지할 권리를 내세워 횡포를 부렸어. 일반 상인들이 장사를 못하게 하는 것은 물론 판매 물품의 종류도 마음대로 늘리고, 시중에 물건이 모자랄 때까지 팔지 않아 물건값을 올려서 부당 이익을 얻었단다.

이대로 그냥 두었다가는 힘없는 백성들만 울며 겨자 먹기로 계속 비싼 값에 물건을 사서 써야 할 판이었어. 수공업자들도 만든 물건을 팔지 못하는 경우가 생겨 생계를 이어 가는 데 어려움이 많았어.

1791년 2월, 정조는 육의전을 제외한 시전의 금난전권을 폐지하고 세워진 지 30년이 안 된 시전은 없애겠다는 정책을 발표했어. 도성 안이든 밖이든 육의전에서 취급하는 물품인 비단, 무명, 명주, 종이, 모시와 베, 생선 말고는 무엇을 팔아도 괜찮다는 거야. 아울러 너도나도 시전이 되어 금난전권을 행사하던 것을 막았지.

금난전권을 폐지하는 일은 노론의 심한 반대 때문에 할아버지 영조도 하지 못했던 일이었어. 그러나 정조는 노론의 반대에도 남인 정승 채제공을 앞세워 육의전을 제외한 시전의 금난전권을 폐지하는 개혁을 강력하게 추진했어.

정조는 금난전권을 폐지하여 상업을 활성화함으로써 백성들이 잘살게 되기를 바랐어. 뿐만 아니라 시전 상인들이 노론의 지배층과 결탁해 이들을 경제적으로 후원하면서 자기들도 이익을 얻는 연결 고리를 끊으려 했지. 노론의 경제적인 힘이 결국엔 왕권에 위협이 되기 때문이야.

금난전권의 폐지로 모든 사람이 자유롭게 상업 활동을 할 수 있게 되자, 조선의 상업은 더욱 활기를 띠어 갔단다.

조선 후기의 상업

조선 후기에는 상업의 발달로 셈을 쉽게 하기 위한 계산 도구가 널리 사용되었다. 무거운 화폐를 대신할 만한 여러 가지 거래 문서가 만들어졌으며, 물건을 사고팔 때 공정하게 거래할 수 있도록 국가 차원에서 길이나 부피, 무게를 재는 기준인 도량형 또한 엄격하게 관리했다.

저울 저울 끝에 물건을 올리고 추를 움직여 평행이 되면, 추 위에 적힌 눈금으로 물건의 무게를 알 수 있다.

홉·되와 밀대 곡식 등의 부피를 잴 때 사용했다. 홉이나 되에 내용물을 담고 그 위를 밀대로 밀어 양을 일정하게 맞추었다.

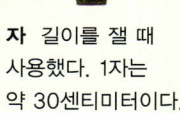

자 길이를 잴 때 사용했다. 1자는 약 30센티미터이다.

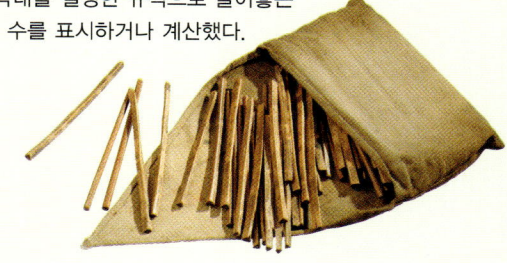

산가지 막대를 일정한 규칙으로 늘어놓는 방식으로 수를 표시하거나 계산했다.

주판 막대에 끼운 주판알을 움직여 쉽게 셈을 하는 계산 기구이다.

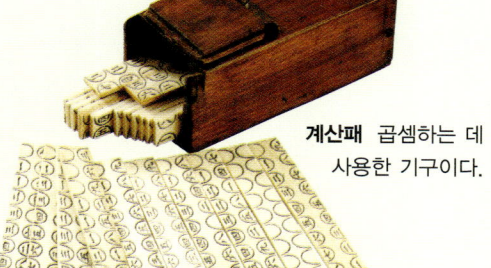

계산패 곱셈하는 데 사용한 기구이다.

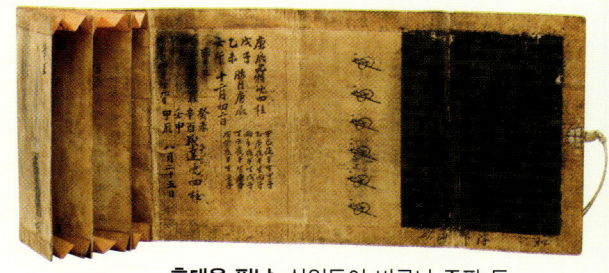

휴대용 필낭 상인들이 벼루나 주판 등 필요한 물건을 안에 넣어 가지고 다녔다.

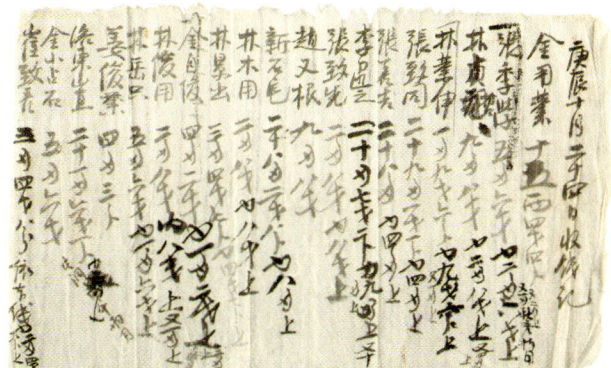

보부상 수전기 보부상들이 작성한 장부이다. 물건을 거래한 사람 이름 밑에 받을 돈이 얼마인지 적혀 있다.

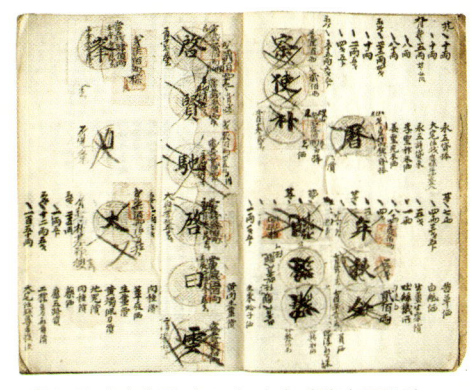

장부 물건이나 돈이 오간 거래 내역이 꼼꼼히 기록되어 있고, 옆에 각종 어음이 붙어 있다.

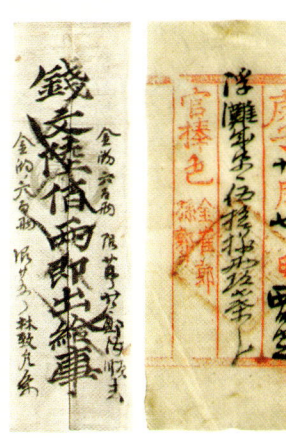

어음과 수표
어음은 일종의 신용 화폐로, 가운데를 잘라 돈을 빌려 준 사람과 빌린 사람이 나누어 가졌다. 오른쪽은 보부상들이 거래한 수표이다. 멀리 이동할 때나 큰돈을 낼 때 썼다.

박다위와 조이개
보부상들이 등짐을 짊어질 때 사용했다. 조이개를 이용해 길이를 조절했다.

산목 지게의 짐 등을 셀 때 사용한 셈 기구이다.

시장 가는 길

키워드 12 · 수원 화성

정조의 꿈이 깃든 신도시

수원 화성은 우리나라 '성곽의 꽃'이라 불릴 만큼 과학적인 우수성과 예술적인 아름다움을 지닌 조선 시대 성곽이야. 건축물의 우수성과 역사성을 인정받아 1997년 세계 문화유산에 지정됐지. 수원 화성 건설은 정조가 아버지 사도 세자의 무덤을 수원의 남쪽 화산 아래로 옮기면서 시작되었어. 정조는 화성 건설에 애착을 갖고 설계부터 모든 과정에 정성을 쏟아부었단다. 정조는 왜 수원 화성을 건설했을까? 수원 화성에는 어떤 의미가 담겨 있을까?

【 수원 화성을 건설한 까닭 】

정조는 아버지에 대한 그리움과 효성이 지극했어. 왕위에 오르자마자 아버지의 시호를 사도에서 장헌으로 높이고, 아버지의 무덤을 수은묘에서 영우원으로 고쳐 부르게 하여 격을 높였어. 또 창경궁 바로 옆에 경모궁이라는 사당을 지어 아버지의 위패를 모셨어. 그러고는 사당이 잘 바라다보이는 높은 언덕에 자경전을 지어 어머니 혜경궁 홍씨를 살게 했지.

그래도 정조는 아버지의 묏자리가 좋지 않아 늘 마음이 편치 않았어. 그래서 왕권이 웬만큼 안정되어 가던 1789년 양주 배봉산(지금의 서울 전농동 서울시립대학교 뒷산)에 있는 아버지 무덤을 천하의 명당으로 알려진 수원 화산 아래로 옮기기로 했단다.

그런데 무덤을 옮길 자리는 수원 도호부가 있는 곳이어서, 여기에는 이미 관청도 있고 백성들도 살고 있었어. 조선 시대에는 왕과 왕비, 세자와 세자빈 등 왕실의 무덤이 만들어지면 무덤을 안전하게 지키고 관리하기 위해 사방 10리 안으로는 사람들을 살지 못하게 했어. 그러니 수원 화산 근처에 살던 백성들도 다른 곳으로 터전을 옮겨야 했겠지?

수원 도호부의 관청과 백성들은 화산에서 북쪽으로 10리쯤 떨어진 팔달산 아래 넓은 들판으로 통째로 옮겨 갔어. 정조는 이들에게 보상금과 이사 비용을 주고, 10년 동안 세금을 면제해 주어 백성들의 피해를 최대한 줄이려 노력했단다.

관청과 민가가 비워지자 정조는 아버지의 무덤을 화산 아래로 옮겨 왕릉 못지않게 장엄하게 꾸몄어. 무덤 이름도 영우원에서 현륭원으로 바꾸었어. 무덤을 지키고 아버지의 명복을 빌기 위해 용주사라는 절도 지었지.

그런 다음 백성들이 옮겨 간 화성에 신도시를 건설하기 시작했어. 화성은 지형이 평탄하고 한양과 삼남(충청도·경상도·전라도) 지방을 잇는 교통의 요지이자 군사적으로도 중요한 지역이었어.

정조는 이곳을 정치·군사·경제의 중심 도시로 만들어, 한양을 중심으로 세력을 키우고 있는 노론의 힘을 누르고 개혁 정치를 펼쳐 갈 근거지로 삼으려 했어. 곧 화성을 개혁을 상징하는 중심 도시로 만들고자 한 거야.

융릉 사도 세자의 무덤이다. 훗날 고종이 사도 세자를 왕(장조)으로 추존하면서 무덤 이름도 현륭원에서 융릉으로 높였다.

【 신도시 화성의 면모 】

정조가 구상한 화성은 농업 도시, 상업 도시, 군사 도시로서의 기능을 골고루 갖추어 완전히 자립할 수 있는 도시였어.

이를 위해 정조는 저수지를 만들고, 화성 북쪽의 넓은 땅을 개간하여 나라에서 운영하는 대농장을 만들게 했어. 백성들은 나라 땅을 빌려 농사를 짓고, 정해진 만큼의 세금만 나라에 내게 했지. 또 대농장을 관리할 사람들을 두고서 논을 빌려 농사짓는 사람의 이름과 경작하는 땅의 넓이 등을 기록한 토지 대장을 만들어 투명하고 철저하게 관리하게 했단다.

상업을 활발하게 일으키기 위해 장사를 하고 싶어 하는 화성 백성들에게 무이자로 돈을 꿔 주어 상점을 열 수 있게 했어. 이에 따라 곡식과 옷감, 어물, 놋쇠, 종이, 신발 따위를 파는 시전이 형성되었지. 한양의 육의전처럼 화성에도 큰 상설 시장이 들어선 거야. 또 큰 상인들을 불러들이기 위해 나라가 소유하고 있던 인삼 유통권과 갓 유통권까지 주겠다고 했어. 이 소식을 듣고 상인들은 너도나도 화성으로 모여들었단다.

화성도 수원 화성을 완공한 뒤의 모습을 그린 그림이다.

1793년, 정조는 수원을 도호부에서 유수부로 등급을 올리고, 이름도 화성으로 바꾸었어. 1대 화성 유수로는 당시 좌의정이던 채제공을 임명했어. 지방 도시에 자신의 오른팔 같은 명재상을 유수로 삼을 만큼 정조가 화성을 무척 중요하게 여겼음을 알 수 있는 대목이지.

조선 시대에는 화성 말고도 개성, 강화, 광주(경기도)에 유수부를 설치했어. 한양을 중심에 두고 동서남북으로 4개 도시를 배치하여 수도 한양을 방비하게 한 거야. 화성 유수부는 한양 남쪽을 방어하는 역할을 했다.

정조는 한양에 있던 왕의 친위 부대 장용영을 확대 개편하여 내영은 한양 도성을 중심으로, 외영은 화성을 중심으로 방어하게 했어. 화성을 지키는 장용 외영 군사로는 5천 명을 두었단다.

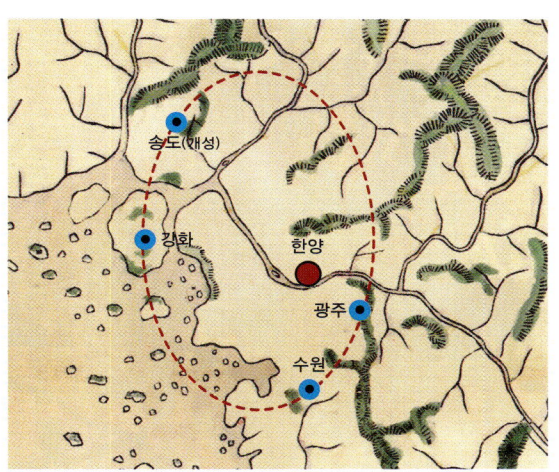

유수부 주로 군사적인 요지에 설치한 행정 기관으로, 조선 시대에는 개성, 강화, 광주, 화성 등 수도 방어에 중요한 지역에 종2품 이상의 높은 관리를 유수로 파견해 다스리게 했다.

【 효율적이고 과학적인 축성 공사 】

화성이 도시로서의 기능을 어느 정도 갖추자, 정조는 신도시를 방어할 성을 쌓기로 했어. 화성에 쌓을 성곽의 설계는 학문과 과학 기술에 밝은 규장각 문신 정약용에게 맡겼지.

정약용은 전쟁이 일어나도 산성으로 피란 갈 필요 없이 성안에서 적을 방어할 수 있도록 수원 화성을 설계했어. 서쪽의 팔달산을 끼고 동쪽의 평지를 따라 성곽을 쌓고 치성, 포루, 공심돈, 봉돈, 암문, 수문 등 다양한 방어 시설을 지어 읍성과 산성의 기능을 두루 갖추게 했어.

좌의정 채제공이 총책임을 맡고 화성 유수 조심태가 건설 감독을 맡은 화성 축성 공사는 1794년 1월에 시작해서 1796년 9월에 끝났어. 처음에는 10년이 걸릴 거라 예상했는데 2년 8개월 만에 완공한 거야.

수원 화성

수원 화성은 성곽 건축물이자 한양과 더불어 행정적인 기능을 담당하는 신도시였다. 일제 강점기와 한국 전쟁을 거치면서 심하게 훼손되었지만, 화성 건설의 모든 과정이 기록된 『화성성역의궤』를 바탕으로 거의 본래 모습으로 복원했다.

서북공심돈 성벽 위에 3층 망루를 올린 방어 시설이다. 속이 비어 있어 '공심돈'이라 하고, 그 안에서 군사들이 공격할 수 있도록 구멍을 뚫었다. 보물 1710호.

화서문 수원 화성의 4대문 중 서대문이다. 동쪽의 창룡문처럼 옹성의 한 귀퉁이가 뚫려 있는 반달 모양 구조이다. 보물 403호.

서장대 팔달산 정상에 세워져 수원 화성과 그 주변이 모두 내려다보인다. '장대'란 일종의 군사 지휘 본부로, 정조가 직접 군사 훈련을 지휘했다.

장안문 수원 화성의 북문이자 정문이다. 한양에서 오는 사람들은 이 문을 통해 수원 화성으로 들어갔다.

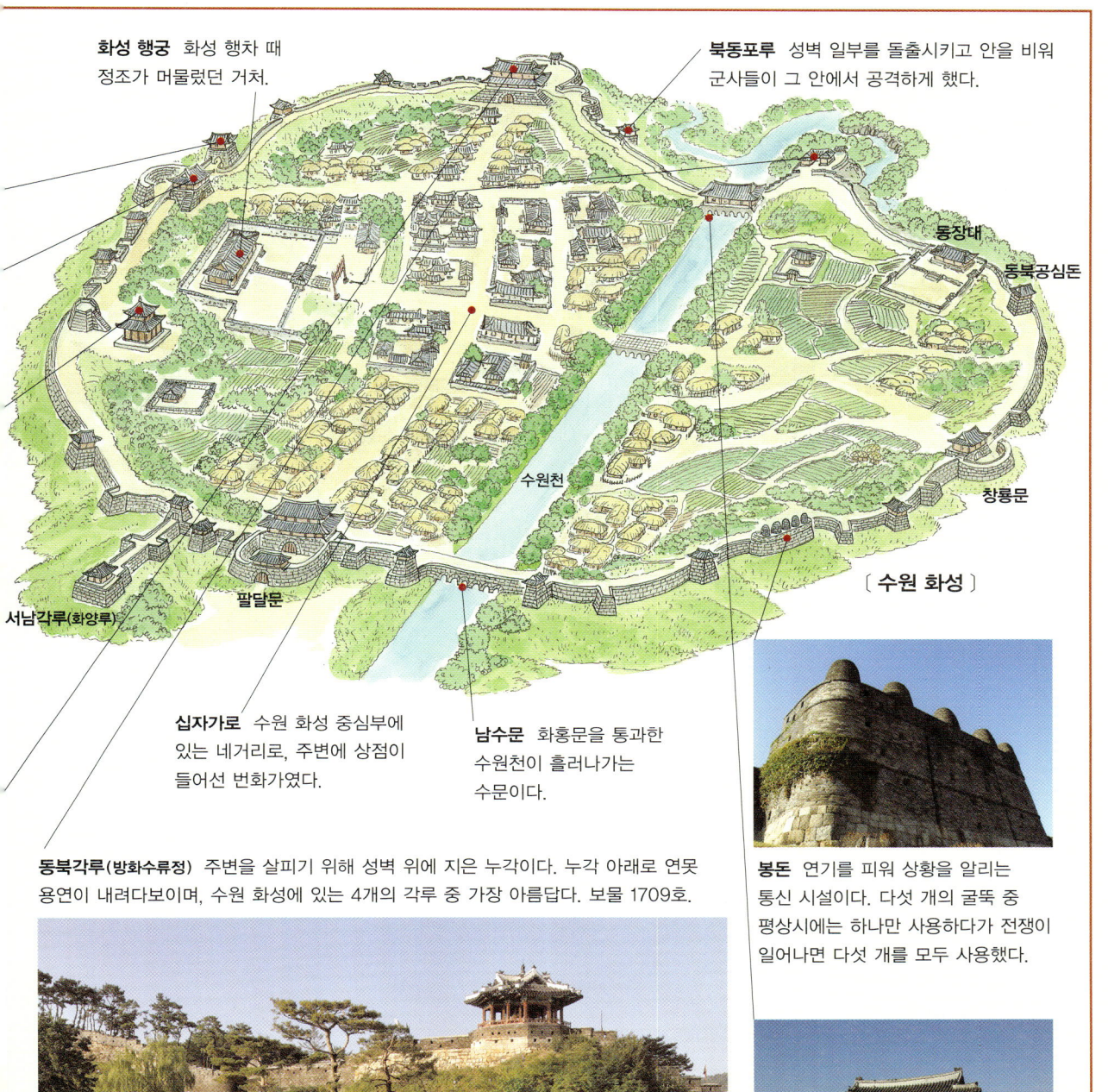

〔수원 화성〕

화성 행궁 화성 행차 때 정조가 머물렀던 거처.

북동포루 성벽 일부를 돌출시키고 안을 비워 군사들이 그 안에서 공격하게 했다.

동장대

동북공심돈

창룡문

수원천

팔달문

서남각루(화양루)

십자가로 수원 화성 중심부에 있는 네거리로, 주변에 상점이 들어선 번화가였다.

남수문 화홍문을 통과한 수원천이 흘러나가는 수문이다.

동북각루(방화수류정) 주변을 살피기 위해 성벽 위에 지은 누각이다. 누각 아래로 연못 용연이 내려다보이며, 수원 화성에 있는 4개의 각루 중 가장 아름답다. 보물 1709호.

봉돈 연기를 피워 상황을 알리는 통신 시설이다. 다섯 개의 굴뚝 중 평상시에는 하나만 사용하다가 전쟁이 일어나면 다섯 개를 모두 사용했다.

화홍문 2개의 수문 중 북수문이다. 7개의 수문 위에 다리를 만들고 누각을 세웠다. 담 곳곳에 적을 공격할 수 있는 총구멍이 있다.

수원 화성은 둘레가 5.7킬로미터에 이르고, 성 높이는 4~6미터, 그리고 100미터쯤마다 둔 갖가지 방어 시설이 48군데나 되는 성곽이야. 그런 성곽의 축성을 어떻게 이처럼 빨리 끝낼 수 있었을까?

먼저 기술자를 비롯한 일꾼들에게 정당한 품삯을 지불한 것을 꼽을 수 있어. 이전까지 나라에서 벌이는 공사에 동원되는 백성들은 대개 품삯을 받기는커녕 자기가 먹을 것을 스스로 해결해야 했어. 영조가 청계천 준천 공사를 벌일 때 일꾼들에게 품삯을 준 적이 있긴 하지만, 장기간에 걸친 나라의 큰 공사에 본격적으로 품삯을 지불한 건 화성 성곽을 쌓을 때란다. 하루 일이 끝날 때마다 품삯을 지급하고 반나절 일한 것까지 품삯을 쳐주었으니 일꾼들이 얼마나 신 나게 일했겠니. 일의 능률이 그만큼 높아졌겠지?

공사 기간을 단축한 데에는 정조의 명을 받아 공사에 필요한 첨단 기기를 적극적으로 개발해서 쓴 것도 한몫했어. 정조는 정약용에게 『기기도설』을 참고해 무거운 돌을 옮기는 데 수월한 도구를 만들게 했어. 이때 정약용이 만든 거중기와 유형거, 녹로 덕분에 공사 기간뿐 아니라 공사 비용까지 줄일 수 있었지.

거중기 정약용이 고안한 기계로, 도르래의 원리를 이용해 적은 힘으로 무거운 돌을 들어 올릴 수 있었다.
경기도 남양주시 다산 기념관에 설치된 거중기 모형이다.

화성 축성에서 빼놓을 수 없는 또 하나는 화성의 4대문과 주요 시설물에 벽돌을 사용했다는 점이야. 박지원과 박제가 등 북학파 실학자들의 주장을 받아들여 건축물에 벽돌을 대대적으로 사용한 것은 화성이 처음이었어. 벽돌은 단단하여 오래 견딜 뿐 아니라 크기가 일정해 작업하기가 쉬웠어.

화성 건설의 종합 보고서 『화성성역의궤』

정조는 화성 축성을 마친 뒤 공사 시작부터 완공에 이르기까지 공사에 관한 모든 내용을 기록으로 남기게 했어. 그 기록이 바로 『화성성역의궤』란다. 의궤는 나라의 중요한 행사를 그림과 글로 자세히 기록해서 훗날에 참고할 수 있도록 만든 책이야.

『화성성역의궤』에는 수원 화성을 만들기까지 공사 진행 과정에서 주고받은 공문, 왕의 명령서 등을 비롯해 공사에 참여한 사람의 이름과 일한 기간, 시설물들의 모습과 위치, 각 시설물마다 들어간 자재의 수량과 단가 따위가 꼼꼼하게 기록되어 있어. 또한 화성의 전체 모습과 성곽에 설치된 모든 시설물들의 세부도도 실려 있단다.

『화성성역의궤』에는 공사에 참여한 기술자가 직종별, 지역별로 정리되어 있어. 뿐만 아니라 최무응술, 안돌이, 유돌쇠 등 하급 신분에 속한 사람들 이름까지 적혀 있지. 이름 밑에는 근무한 일수와 지급한 품삯이 쓰여 있단다.

『화성성역의궤』를 보면 정조가 백성을 얼마나 생각하는 왕이었는지

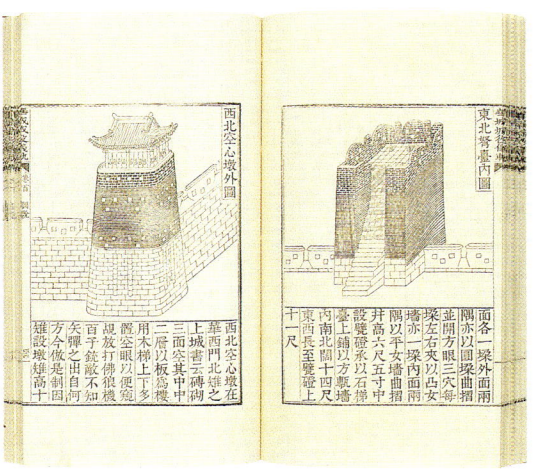

『화성성역의궤』 화성 축성 공사의 모든 과정을 치밀하게 기록한 공사 보고서이다.
2007년 유네스코 세계 기록 유산에 등재되었다.

문화 중흥의 시대를 열다 117

알 수 있어. 정조는 무더위에 지친 일꾼들의 건강을 염려하여 더위를 쫓는 약을 만들어 보내고, 추운 겨울에는 털모자를 나눠 주라는 명을 내리기도 했어. 일꾼들이 일하다가 다치거나 병이 나면 치료를 위한 간이 시설을 두어 무료로 치료해 주게 했단다.

오늘날 우리가 화성의 모습을 온전하게 볼 수 있는 것도 『화성성역의궤』 덕분이라고 할 수 있어. 일제 강점기와 6·25 전쟁을 거치면서 화성 행궁을 비롯해 성곽의 시설물들이 심하게 훼손되었지만, 『화성성역의궤』의 치밀한 기록을 바탕으로 본래 모습에 가깝게 복원할 수 있었단다.

【 장엄한 화성 행차 】

화성 축성 공사가 한창이던 1795년 봄, 정조는 아침 일찍 창덕궁을 출발해 화성으로 향했어. 아버지 무덤을 옮긴 뒤 정조는 해마다 아버지 묘소를 참배하기 위해 화성 행차를 나섰어. 그런데 이번 행차는 아주 특별했어. 어머니 혜경궁 홍씨의 회갑 잔치를 아버지 무덤이 있는 화성에 가서 치르기로 한 거야. 혜경궁 홍씨와 사도 세자는 나이가 같았어. 그러니까 아버지가 살아 있다면 어머니와 함께 60회 생일을 맞을 터였지.

정조는 이번 행차를 통해 어버이에게 효성을 다하고, 아버지의 명예를 회복시키고 싶었어. 또 신하들은 물론 백성에게 왕의 위엄을 한껏 드러내 자신이 펼쳐 갈 개혁 정치에 힘을 싣고자 하는 뜻도 있었지.

그런 만큼 1795년의 화성 행차는 그 어느 때보다 규모가 크고 장엄했어. 궁궐을 나선 정조와 혜경궁 홍씨를 수행하는 인원만 1,800명에 이르고, 화성에 먼저 가 있거나 행차길 곳곳에서 미리 대기하고 있는 사람까지 합하면 6천 명에 이르는 엄청난 인원이 동원되었어. 임금의 행차를 구경하려고 길가에는 수많은 백성들이 몰려들었지.

정조의 화성 행차 정조가 수원 화성에서 어머니 혜경궁 홍씨의 회갑 잔치를 치르고 한양으로 돌아오는 모습을 그린 그림이다. 수천 명에 이르는 행렬과 왕의 행차를 자유롭게 구경하는 백성들까지 담겨 있다. 보물 1430호.

정조는 화성에 머무는 동안 어머니와 함께 아버지 무덤을 참배하고, 어머니의 회갑 잔치를 정성껏 치러 드렸어. 뿐만 아니라 과거 시험을 실시해 인재를 뽑고, 가난한 백성들에게 쌀을 나눠 주었어. 화성에 사는 노인들을 초대해 잔치를 베풀기도 했지. 그리고 화성의 서장대에 올라 군사 훈련을 직접 지휘하기도 했어.

정조는 화성을 오가며 백성들의 목소리에도 귀를 기울였어. 억울한 일이 있으면 왕의 행차 길에 꽹과리를 쳐서 직접 알리게 한 거야.

이처럼 정조의 화성 행차에는 여러 가지 뜻이 담겨 있었단다.

문화 중흥의 시대를 열다

키워드 13 김만덕

제주 백성을 구한 조선 최고의 여성 상인

조선에서는 건국 초기만 해도 혼인을 하면 남자가 처가살이를 했는데, 후기에 이르면 여자가 시집살이를 하면서 시부모를 모시고 남편과 자식을 위해 살게 돼. 사회적인 지위도 더 낮아져서, 여성은 남편이 죽어도 재혼할 수 없고 재산을 상속받을 때도 차별을 받았지. 양반 여성이건 평민 여성이건 아무리 능력이 뛰어나도 사회 활동을 거의 할 수 없었어. 그런 만큼 일반 여성으로 이름이 기록되는 경우는 매우 드물었지. 그런데 이런 사회 분위기 속에서도 자신의 삶을 개척하여 조선 최고의 국정 기록인 『조선왕조실록』에 당당히 이름을 올린 여성이 있었어. 바로 제주의 큰 상인 김만덕이란다.

【 제주 백성을 구한 김만덕 】

정조가 왕위에 오른 지 17년째 되던 1792년부터 제주도에 흉년이 들었어. 흉년은 4년 동안 이어져 제주 관아에 보관했던 곡식은 바닥나 버리고 곳곳에서 굶어 죽는 사람들이 늘어났지. 엎친 데 덮친 격으로 1794년에는 나라에서 제주도 백성을 구제하기 위해 식량을 싣고 가던 배가 그만 풍랑을 만나 바다에 가라앉고 말았어.

1795년 봄이 되자 제주도의 상황은 이루 말로 표현할 수 없을 지경이 되었어. 이때 제주의 최고 부자였던 김만덕은 자기가 가진 돈을 제주도 백성을 위해 쓰기로 결심했어. 제주도에서 태어나 자라고, 큰돈을 벌어 제주의 으뜸 부자가 된 만덕에게 제주 백성의 고통은 자기의 아픔과 마찬가지였지.

만덕은 일하는 사람을 불러 그동안 모은 돈을 내밀었어.

"자, 어서 육지로 나가 이 돈으로 쌀을 사 오너라."

돈을 받아 든 사람은 여러 날이 걸려 쌀 500석을 구해 돌아왔어. 만덕은 쌀을 모두 관아로 싣고 가서 백성들에게 나누어 주게 했어. 이때 만덕이 내놓은 쌀은 굶어 죽어 가는 사람 천 명을 살릴 수 있는 양이었다고 해.

이 소식은 한양에 있는 임금에게까지 전해졌어. 정조는 만덕의 선행에 감동하여 제주 목사를 시켜 만덕의 소원을 물어보게 했어.

"전하, 만덕은 제주도를 벗어나 임금님 계시는 궁궐과 금강산 일만 이천 봉을 보는 것이 소원이라 하옵니다."

제주 목사의 보고를 받은 정조는 기꺼이 만덕의 소원을 들어주었어.

만덕은 섬에 살고 있는 여인들이 육지로 나가는 것을 금지하는 국법 때

문에 단 한 번도 제주도를 떠난 적이 없었어. 여자들이 섬을 떠나면 남자들이 결혼할 수 없고, 결혼하지 못하면 아이를 낳을 수 없으니 인구가 줄어들어 섬을 지킬 사람이 없어지기 때문에 그런 법이 있었던 거야. 정조의 명이 아니었다면 만덕도 죽을 때까지 제주도를 벗어나 보지 못했겠지.

만덕은 한양에 가서 임금도 만나고 왕비한테 비단과 장신구를 선물로 받았어. 평민 여성이 궁궐로 들어가 임금을 직접 만난 것은 조선 역사에서 처음 있는 일이었지. 만덕은 그토록 보고 싶던 금강산까지 구경하고 다시 제주로 돌아왔어. 만덕은 그 뒤로도 계속 가난한 이들을 돌보며 살았다고 해.

이렇게 만덕이 막대한 재물을 풀어 제주 백성을 구한 이야기는 『조선왕조실록』을 비롯한 나라 기록물과 채제공이 쓴 「만덕전」 등에 소개되어 있어. 그만큼 만덕의 행적이 당시 사회에서 큰 관심을 모았던 거야.

그러면 여성의 능력을 충분히 발휘할 수 없었던 시대에 만덕은 어떻게 큰돈을 벌 수 있었을까?

【 조선 최고의 여성 상인 】

만덕은 원래 양인의 딸로 태어났지만 열두 살에 부모를 잃고 기녀의 수양딸이 되는 바람에 관아의 기생이 되었어. 하지만 만덕은 스무 살이 될 무렵 제주 목사를 찾아가 기녀 명단에서 자기 이름을 빼 달라고 간청해 양인 신분을 되찾았지.

기생 신분에서 풀려난 만덕은 결혼도 하지 않고 그동안 모아 둔 돈으로 육지와 제주를 잇는 포구에 객줏집을 차렸어. 객주는 먼 곳에서 온 상인들에게 음식과 잠자리를 마련해 주고 그들이 가져온 물건을 대신 팔아 주는 일종의 중개 상인이었어.

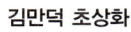

김만덕 초상화

만덕이 뛰어난 장사 솜씨로 상인들에게 많은 이익을 남겨 준다는 소문이 나자, 상인들은 너도나도 만덕의 객줏집을 이용했어. 객줏집 운영으로 재물을 모은 만덕은 이번에는 아예 배를 사서 직접 무역업에 뛰어들었지.

제주도는 화산섬이라 쌀 같은 곡식 농사가 잘 안 되고, 갯벌이

객줏집 상인들에게 묵을 곳을 제공하면서 물건을 대신 팔아 주거나 물건을 사고팔 사람을 연결해 주기도 했다.

없어 소금 생산도 쉽지가 않았어. 그래서 쌀이나 소금 같은 필수품은 주로 육지에서 들여와야 했지. 만덕은 일하는 사람들을 시켜 육지에서 쌀과 소금을 싼값에 사다가 많은 이익을 남기고 팔았어. 반면 제주에서 많이 나고 질이 좋은 전복, 미역, 말총(말 꼬리털) 같은 특산물은 제주 사람들에게 적당한 값에 사서 육지 상인에게 비싸게 되팔았지. 사업은 날로 번창해 만덕은 많은 돈을 벌어들였고, 드디어 제주의 으뜸 부자가 되었어.

만덕이 여인의 몸으로 객줏집을 운영하고 무역업까지 할 수 있었던 것은 조선 사회가 이전과 많이 달라졌기 때문이야. 만덕이 장사를 하던 무렵은 상업과 유통 경제가 발전하면서 포구 무역과 객주업이 크게 성행하던 시기였지. 만덕은 그런 시대의 흐름을 읽고 상업 활동에 뛰어든 거야.

이렇게 김만덕은 기생 출신과 섬 여인이라는 신분의 한계를 뛰어넘어 조선 최고의 여성 상인이 되었어. 김만덕은 조선 후기에 나타난 새로운 여성 상이었지. 하지만 오늘날 우리가 김만덕을 더욱 높이 평가하는 이유는 김만덕이 성공한 여성 상인에 머무르지 않고 가난한 백성과 더불어 살아가는 '나눔의 정신'을 실천했다는 데 있단다.

키워드 14 | 실학

성리학자들, 실용적인 학문을 연구하다

임진왜란과 병자호란이라는 큰 전쟁을 겪은 조선은 피해 복구에 온 힘을 쏟았어. 그 결과 농업 기술이 발전해 생산량이 늘어나고 상업 활동이 활발해졌지. 그러나 다른 한편으로는 신분 질서가 흔들리고 농촌 사회가 붕괴하는 등 점점 혼란스러워졌어. 조정에서는 백성들의 부담을 줄여 주기 위해 여러 가지 정책을 펼쳤지만, 조선 사회의 근본적인 문제점은 해결하지 못했어. 이런 상황에서 성리학자들 사이에 실생활에 도움이 되는 학문과 사상이 필요하다는 목소리가 높아졌어. 이들은 백성들의 삶의 문제를 해결할 수 있는 실용적이고 실천적인 학문을 연구했어. 이러한 학문을 '실학'이라고 한단다.

【 실학이 등장한 배경 】

실학이라는 말은 조선 후기에 갑자기 등장한 것이 아니야. 고려 말에 고려의 중심 사상이었던 불교에 맞서 등장한 성리학을 '실용적인 학문', 즉 실학이라고 했어. 고려 말 신진 사대부들은 불교가 제구실을 못하자 성리학이 그 역할을 대신할 수 있으리라 여겼지. 그러니까 기존의 학문과 사상에 맞서 등장한 새로운 학문과 사상을 실학이라고 했던 거란다.

18세기부터 그동안 성리학의 이론과 형식, 명분에만 치우친 풍토에서 벗어나 현실의 문제를 해결할 수 있는 실용적이고 실천적인 학문을 하자는 새로운 움직임이 일어나면서 실학이 다시 등장했어. 어떤 학문과 사상이든 갑자기 등장하는 건 거의 없지. 조선 후기의 실학도 마찬가지야.

조선은 건국 이후 오랫동안 전쟁을 걱정하지 않을 정도로 평화로웠어. 하지만 임진왜란과 병자호란을 겪고 난 뒤에는 여러 가지 변화가 일어났지. 전쟁에서 공을 세운 노비가 양인이 되기도 했고, 양인은 각종 혜택을 누리는 양반 신분을 돈을 주고 사기도 했어. 양반이 되면 군역이 면제되고 세금을 내지 않아도 되니까 몰락한 양반 가문의 호적에 슬쩍 이름을 올리기도 했단다.

결국 양반의 수는 늘어나고 세금을 내는 계층은 점점 줄어들었어. 관리들이 모자라는 세금을 걷기 위해 백성들을 괴롭히자, 백성들은 밀려드는 세금을 견디지 못하고 고향을 떠나 떠돌이 생활을 해야 했어. 땅을 가지고 있던 농민들도 갖가지 명목으로 걷어 가는 세금을 내기 위해 헐값에 땅을 팔아 버리기까지 했지.

땅을 잃은 농민들은 고향을 떠나거나 큰 땅을 소유한 대지주에게 땅을 빌려 농사를 짓는 소작농이 되었어. 소작농이 되면 지주에게 땅을 빌린 값을 줘야 해. 그런데 지주들은 풍년이 들면 더 걷어 가고, 흉년이 들어 수확량

소작료를 내는 농민들 땅이 없는 농민들은 지주에게 땅을 빌려 농사를 짓고, 가을에 곡식을 거둬들이면 땅을 빌린 값으로 소작료를 내야 했다.

장시가 열린 나루터 장시는 포구나 나루터처럼 사람들이 자주 오가는 곳에서 많이 열렸다. 장시가 열린 나루터 풍경을 그린 그림이다.

이 거의 없어도 정한 만큼의 생산물을 바치라며 독촉했어. 심지어 자기들이 내야 하는 세금마저 소작농에게 물게 하는 등 횡포가 끊이지를 않았단다.

농업 기술의 발전으로 생산량은 늘어났지만, 대부분 토지를 많이 가진 지주들 몫으로 돌아가고 소작농은 전과 다름없이 배고픈 삶을 살아야 했어. 고향을 떠난 농민들은 일거리를 찾아 한양이나 대도시로 모여들었고, 자신의 노동력을 팔아 하루하루 생계를 꾸려 가는 임노동자가 되었단다.

한편 한양을 비롯한 도시에 인구가 늘어나자 이들 도시를 중심으로 상업 활동이 활발해졌어. 각 지방에서 생산된 물건들이 한강을 거쳐 한양으로 모여들고, 지방마다 시장이 열리고, 전국을 떠돌며 장사하는 보부상이 늘어났어. 장사로 큰돈을 번 상인들이 양반

못지않은 세력을 누리게 된 것도 조선 후기로 접어들면서 생긴 일이란다.

하지만 이러한 변화 속에서도 일반 백성들은 여전히 힘든 삶을 살아야 했어. 왜냐하면 예나 지금이나 가진 자들은 자기들이 누리는 것을 내놓으려 하지 않기 때문이야. 나라에서는 많이 가진 자와 덜 가진 자의 균형을 맞추기 위해 이런저런 대책을 내놓았지만, 실제로 큰 도움이 되지는 못했어.

이런 가운데 일부 성리학자들은 그동안 자기들이 공부했던 성리학이 조선이 처한 상황을 해결하는 데 전혀 도움이 되지 않을뿐더러, 오히려 붕당끼리 대립하고 이념 논쟁을 하는 데 쓰이고 있다고 비판했어. 그리고 백성들의 실생활에 필요한 것이 무엇인지 고민했지. 그 결과로 조선 후기에 실학이 다시 등장한 거란다.

【 실학의 문을 연 사람들 】

실학은 18세기에 활발하게 일어났지만, 17세기부터 성리학자들 사이에서 실학의 움직임이 나타나고 있었어. 그 가운데 실학의 선구자라고 할 수 있는 이수광, 한백겸, 김육 등은 후대에 큰 영향을 주었단다.

이수광은 임진왜란 후 중국에서 만주족의 등장으로 명나라의 위치가 흔들리는 시기를 살면서 조선에 필요한 학문이 무엇인지 고민하던 성리학자였어. 실용적이고 실천적인 학문이야말로 전쟁으로 폐허가 된 조선을 안정시킬 수 있다고 생각했지. 그가 사신으로 세 차례나 중국을 오가며 접한 견문을 토대로 쓴 『지봉유설』은 우리나라 최초의 문화 백과사전이라 할 수 있어. 이수

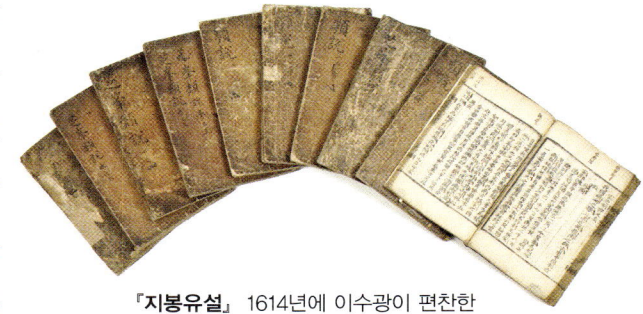

『**지봉유설**』 1614년에 이수광이 편찬한 일종의 백과사전이다. 세계 50여 개 나라의 정보를 담아 세계에 대한 지식을 넓혔다.

문화 중흥의 시대를 열다 127

곤여만국전도 마테오 리치가 그린 세계 지도로, 이수광이 『지봉유설』에서 처음 조선에 소개했다. 이 지도는 그 무렵 세계의 중심이 중국이라고 믿고 있던 조선 사람들의 인식을 바꾸는 계기가 되었다. 보물 849호.

광은 이 책에서 중국, 일본, 베트남, 태국 등 동남아시아뿐만 아니라 프랑스, 포르투갈, 영국 등 유럽의 자연환경과 풍물, 역사, 문화, 종교 등을 폭넓게 소개하고 항목마다 실증과 비평을 곁들였어.

『지봉유설』은 우리 민족 문화에 대한 자부심을 바탕으로 하면서도 세계 문화를 받아들이는 진취적인 시각을 담았기 때문에, 조선 사람들의 안목과 세계관을 넓히는 데 중요한 역할을 했어. 또한 이 책은 사실에 토대를 두고 진리를 탐구한다는 실사구시의 사상을 담고 있어서 이후 실학자들에게 큰 영향을 끼쳤단다.

한백겸은 7년이나 이어진 임진왜란을 겪으면서 왜 우리나라는 전쟁이 끊이지 않고 외적의 침입을 받아야 할까 고민했어. 이런 고민 속에서 역사 지리학의 시초라고 할 수 있는 『동국지리지』를 집필했지. 대부분 정치적이고 윤리적인 교훈을 담고 있는 이전의 역사서와 달리 우리나라의 영토와 공간의 역사적인 변천 과정을 체계적으로 정리한 이 책에서, 한백겸은 중국 중심이 아닌 조선의 문화와 역사, 국토에 대한 관심을 반영했어.

한백겸은 지리지를 만들기 위해 중국 문서를 비롯해 각종 문서를 정리하고, 사실 여부를 일일이 확인하는 방법으로 자료를 모았어. 이처럼 실증적이고 실제적인 연구 방법은 안정복의 『동사강목』과 정약용의 『아방강역고』 등 조선 후기 지리학에도 큰 영향을 주었지.

김육은 조선 시대 최고의 관료 학자였어. 중요한 국가 정책을 수행한 관료였을 뿐만 아니라 뛰어난 학자이기도 했던 거야. 김육은 임진왜란 중에도 책을 끼고 다녔을 만큼 학구열이 대단했다고 해. 그런데 성균관 유생으로 공부하던 중 집권 세력인 북인에게 맞서는 상소를 올렸다가 과거 응시 자격을 박탈당하고 고향으로 내려가야 했어. 살 집이 없어 굴을 파고 생활하면서 남의 집 농사를 돕기도 하고, 직접 숯을 구워 내다 팔기도 할 정도로 가난했다고 해. 양반인데도 농사를 짓고 장사도 마다하지 않는 그의 모습은 그 무렵 사람들이 이해하기 힘든 것이었어. 이렇게 10년 동안 살았던 경험은 훗날 관리가 되어 정책을 펴는 데 큰 역할을 했지.

김육은 "천하의 모든 일은 실질일 따름이니 실질 없는 명분은 의미 없는 것"이라면서, 백성의 생활을 안정시키는 것이 국가가 안정될 수 있는 길이라고 주장했어. 그래서 백성들이 가장 부담스러워하는 세금인 공납의 폐단을 해결하기 위해 많은 신하들의 반대를 무릅쓰고 대동법을 전국적으로 확대하여 실시했어. 또 쌀과 무명 같은 물품 화폐 대신 동전을 널리 유통시키는 데에도 힘썼단다.

김육 초상화

【정치 제도의 개혁을 주장한 실학자들】

실학자들은 자신이 살고 있는 시대에 발생한 문제점들이 무엇인지 정확하게 파악하고, 정치 제도를 비롯하여 과거, 군사, 토지 제도 등 조선 사회 전반에 걸쳐 개혁이 필요하다고 주장했단다.

유형원은 북인이었던 아버지 유흠이 광해군의 복위를 꾀했다는 혐의와 관련되어 죽자, 관직에 나아갈 뜻을 버리고 학문에만 몰두한 학자였어. 유형원이 전라북도 부안에 칩거하며 20년 동안 연구하고 집필한 『반계수록』이라는 책을 보면, 그가 조선 사회의 문제를 얼마나 치열하게 고민했는지 알 수 있어.

유형원은 『반계수록』 서문에서 조선은 개혁하지 않을 수 없을 만큼 절박한 현실에 놓여 있다고 하면서, 과거 위주의 공부보다는 실제 현실에 필요

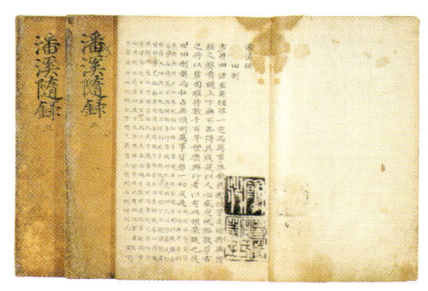

반계서당과 『반계수록』 유형원은 벼슬길에 나아가지 않고 전라북도 부안에 내려가 제자들을 가르치며 학문에 몰두했다. 유형원은 이곳에서 자신의 개혁 사상을 담은 『반계수록』을 집필했다.

한 정책을 내놓는 것이 중요하다고 강조했어. 또한 그는 과거가 출세의 도구가 되어 선비들이 그저 옛 문구를 외우는 데만 치중하는 현실을 개탄하면서 그 대안으로 추천제인 천거제를 실시하자고 주장했어. 뿐만 아니라 왕실을 위해 설치된 많은 관청을 크게 축소하여 국가 재정을 안정시키자고 했지. 현대 국가에서 추진하는 '작은 정부' 구상과 비슷한 거야. 유형원의 실학 사상은 이익과 정약용으로 이어지면서 더욱 발전하게 돼.

이익 초상화

이익은 17세기부터 일어난 실학의 학풍을 보완하고 발전시켜 실학이 학파로서 자리 잡는 데 크게 기여한 학자란다. 이익은 거듭되는 환국으로 나라가 제대로 운영되지 않는 문제점을 지적하며, 의정부의 기능을 다시 살리고 왕을 중심으로 탕평을 실시하자고 했어. 이는 임시 기구였던 비변사가 임진왜란 이후 나라의 모든 일을 맡아 하면서 의정부가 제구실을 하지 못한 것을 비판한 거야. 또한 붕당으로 나누어진 정치권을 향해 왕도 정치를 회복하고, 이를 바탕으로 정치를 안정시키자고 한 거란다.

이익은 과거를 5년마다 한 번씩 정기적으로 치르는 것 외에는 모두 없애고, 과거를 치러 선발된 이들의 인사를 담당하는 기관을 따로 설치하자고 했어. 별도의 관청을 두자고 한 까닭은 새로 뽑은 관리들이 붕당의 영향을 받지 않고 일할 수 있도록 하기 위해서란다.

정조의 총애를 받았던 정약용은 조선의 정치가 세도 정치로 바뀌는 것을 보면서, 왕과 관리들의 사적인 관계를 없애고 일부 권력이 국정을 좌지우지하지 않도록 의정부와 6조의 기능을 강화하자고 주장했어. 또 관리들이 업무에 실질적인 도움을 줄 수 있는 것들을 갖추지 않는 현실을 비판하고, 시험 과목에 우리 역사와 실제 업무를 볼 때 필요한 잡학, 그리고 체력을 시험하기 위한 활쏘기를 넣자고 주장했어.

실학자들은 관료들이 정치는 제대로 하지 않고 붕당끼리 다투는 상황을 과거 제도의 개혁을 통해 해결하자고 했어. 관직의 수는 정해져 있는데 잦은 과거 시험으로 인해 발령을 기다리는 사람이 많아지면서 생기는 문제가 심각했기 때문이야. 붕당들이 저마다 세력을 유지하기 위해 자기편 사람을 먼저 임명하는가 하면, 일부에서는 돈이나 금품으로 인사 청탁을 하는 등 문제가 많았지.

이처럼 실학자들은 조선의 정치 제도가 바뀌지 않고는 조선 사회가 안고 있는 문제점을 해결할 수 없다고 보았단다.

【농업을 살리는 정책을 펴자】

실학자들 중에는 농업 문제에 관심을 두고 토지 문제를 해결하여 농민들이 잘사는 세상을 만들려는 사람들이 있었는데, 농업에 중점을 두었다고 해서 이들을 '중농학파'라고 해. 중농학파에는 주로 남인들이 많았어. 이들은 대부분 숙종 때 권력 다툼에서 서인에게 패하여 지방으로 물러난 사람들이었어. 지방에 살면서 직접 체험한 농촌의 현실을 바탕으로 농업 중심의 개혁을 내세운 거야.

중농주의 실학의 선구적인 사람은 유형원이란다. 그는 토지 제도를 개혁할 방안으로 '균전론'을 주장했어. 모든 토지를 나라의 땅으로 삼은 뒤, 관리와 선비, 농민들에게 차등을 두어 나눠 주자고 했어. 이렇게 하면 자기 땅을 가진 농민이 늘어나 먹고살 걱정을 덜뿐더러 세금도 잘 낼 수 있어서 농민의 삶은 물론 나라 살림도 안정될 수 있다는 거지.

유형원의 뒤를 이어 농업 중심의 개혁론을 발전시킨 사람은 이익이야. 이익은 평생 벼슬에 나아가지 않고 시골에 묻혀 살면서, 그의 호를 딴 성호학파를 형성할 정도로 많은 제자들을 길러 냈어.

이익은 현실적으로 모든 토지를 나라가 소유하기는 어려우니 개인의 토지 소유를 인정하는 시각에서 '한전론'을 주장했어. 한 가족이 농사를 지어 먹고사는 데 필요한 토지의 양을 나라에서 정한 다음, 그 땅은 함부로 사고팔지 못하게 법으로 금지하자고 말이야. 한전론에 따르면, 나라에서 정한 양보다 땅이 많은 사람은 나머지 땅을 팔 수는 있지만 새로 사지는 못해. 반대로 땅이 적은 사람은 나라에서 정한 만큼까지만 땅을 살 수 있어. 이렇게 하면 시간이 흐르면서 땅이 농사짓는 농민들에게 점점 공평하게 돌아갈 수 있을 거라고 생각한 거야.

이익의 뒤를 이어 중농주의 실학을 집대성한 학자는 정약용이란다. 그는 이익의 주장에서 한 걸음 더 나아가 토지를 개인이 소유할 수 없게 하는 '여전론'을 주장했어. 산골짜기와 시냇물을 경계로 땅을 나눈 다음 거기에 사는 마을 사람들이 함께 농사를 짓고, 각자 일한 만큼 수확물을 나누어 갖게

하자는 거야. 이렇게 하면 마을 사람들끼리 서로 돕게 되어 사회 풍속이 좋아질 거라고 기대했단다.

이처럼 중농학파는 저마다 훌륭한 주장을 폈지만, 국가 정책으로 실행되지는 못했어. 이들의 주장이 현실성이 떨어지는 데다, 이를 추진할 정치적인 기반이 없었기 때문이야.

【상공업을 키워 나라를 부강하게 만들자】

18세기 후반에는 상공업을 발전시킴으로써 나라 살림을 튼튼하게 해야 한다고 주장하는 실학자들이 많이 나타났어. 이들은 전국의 물품이 한양으로 모여들고 한강이 교역의 중심이 되는 것을 보면서 상공업의 발전이 필요하다고 생각했어. 이들을 '중상학파'라고 하는데, 상공업을 중시했기 때문이야. 또 백성들의 실생활에 이롭게 쓰이고 삶을 풍요롭게 하는 것을 학문의 목표로 삼았다고 해서 '이용후생학파'라고도 해.

이들 대부분은 청나라에 가서 발달된 학문과 문물을 직접 경험한 뒤 조선으로 돌아와 청나라의 선진 문물을 적극적으로 받아들여야 한다고 주장했어. 조선이 부강한 나라가 되려면 청나라처럼 상공업을 부흥시켜 백성들이 잘살게 만들어야 한다는 거였지. 이들이 청나라, 즉 북쪽의 학문을 배우자고 주장했다 하여 '북학파'라고도 한단다.

북학파는 농업을 중시하고 상공업은 천대하는 사회 분위기를 강하게 비판하고, 열심히 일하는 상인을 관직에 나아가지 못하게 하는 법은 없애자고 했어. 그러면서 양반들도 글만 읽을 것이 아니라 일을 해야 한다고 주장했지. 비록 이 같은 주장이 실현되지는 못했지만, 신분 구별이 엄격한 조선 사회에서 이런 움직임이 일어났다는 것은 신선한 충격이었을 거야.

유수원은 초기의 북학 사상을 체계적으로 정리한 선구적인 학자야. 유수원은 귀가 잘 들리지 않는 청각 장애에 시달리면서도 여러 지방의 수령을 지내면서 얻은 경험을 바탕으로 『우서』를 편찬했어. 이 책에는 초기 북학 사상의 주요 내용들이 체계적으로 정리되어 있어서 그 무렵 많은 지식인들에게 공감을 불러일으켰어. 특히 영조는 이 책을 읽고 나서, "대체로 우리나라 사람들의 저술은 앞선 학자들의 말을 뽑아 모아서 공교로움을 구하는 데 지나지 않는데, 이 사람은 자기 마음속에서 우러나오는 것만을 기술하였으니 참으로 귀하다."고 하며 이 책의 가치를 높이 평가했다고 해.

유수원은 나라가 약하고 백성이 가난한 원인을 사(선비)·농(농민)·공(수공업자)·상(상인)이 각자의 생업에 전념하지 못하는 데서 찾았어. 양반 문벌 중심의 신분 질서가 변하지 않는 한 백성들은 자기 직분에 충실할 수 없다는 거야. 따라서 이를 극복하려면 일하지 않는 양반들을 농업이나 공업, 상업에 종사하게 하고, 사농공상을 평등한 직업으로 만들어 전문화해야 한다고 했어. 양반 문벌을 깨뜨리고 사민 분업에 따라 신분을 개혁하자는 것은 그때로서는 아주 파격적인 주장이었지.

유수원이 제시한 초기 북학 사상은 박지원, 박제가, 홍대용 등의 북학파 학자들에게 계승되면서 18세기 후반 조선 후기 사회를 대표하는 시대 사상으로 나타난단다.

북학파의 사상은 박지원에게 이어져 더욱 발전했어. 박지원은 청나라에 가서 선진 문물을 경험한 뒤 상공업의 진흥을 강조하면서 기술 개발의 필요성을 역설했어. 그러면서 수레와 선박을 널리 이용할 것과 화폐를 널리 사용할

박지원 초상화

『열하일기』 박지원이 청나라에 갔다가 보고 들은 내용을 일기 형식으로 기록한 책이다. 청나라의 선진 문물을 자세히 소개하며 따라 배울 것을 권하는 한편, 조선 양반 사회의 문제점을 날카롭게 꼬집기도 했다.

것을 권장했지.

박지원은 백성들에게 유익하고 나라에 필요한 것이라면 오랑캐한테도 배워야 한다고 주장했어. 그 무렵 조선은 만주족이 세운 청나라를 오랑캐라며 얕잡아 보는 경향이 있었거든. 박지원이 청나라를 다녀와서 쓴 『열하일기』에는 그의 북학 사상이 잘 나타나 있단다.

박지원의 제자인 박제가 또한 청나라를 다녀온 경험을 바탕으로 『북학의』라는 책을 써서 청나라의 선진 문물과 기술을 적극 받아들이자고 주장

『북학의』 박제가가 청나라에 가서 보고 배운 선진 문물과 제도에 관해 쓴 책이다. 북학파의 사상을 가장 잘 드러낸 책으로, 북학파라는 이름도 이 책의 제목에서 따온 것이다.

했어. 그리고 상공업을 발전시키려면 청나라와의 무역을 더욱 늘리고, 국력을 길러 해외 여러 나라와 교역해야 한다고 했지.

박제가는 특히 우물물을 예로 들어 생산과 소비에 관한 색다른 이론을 내놓기도 했어.

"경제란 우물과 같은 것이니, 이를 줄곧 이용하지 않으면 말라 버린다."

"쓸 줄을 모르면 만들 줄을 모르고, 만들 줄을 모르면 민생이 날로 가난해진다."

이는 생산된 것이 소비되어야 재생산이 가능하다는 논리로, 전통 시대의 미덕인 절약이나 검소보다는 적극적인 소비 활동을 통해 상공업을 발전시키자는 주장이야.

이처럼 실학자들은 농업과 상공업을 중심으로 조선 사회의 문제점을 해결하고 백성들이 잘사는 나라를 만들기 위해 치열하게 고민했어. 그러나 중농학파의 주장과 마찬가지로 중상학파의 주장도 정치에 반영되지 못했어. 정치 개혁이든 농업 개혁이든 상공업 발전이든 이를 실행할 수 있는 정치적인 기반이 있어야 하는데, 대부분의 실학자들은 그런 위치에 있지 못했거든. 그래도 이들의 사상, 특히 북학 사상은 훗날 근대적인 사상인 개화 사상을 형성하는 데 큰 영향을 주게 된단다.

박제가 초상화

키워드 15   정약용

유배지에서 실학을 꽃피우다

정약용은 천주교와 관련이 있다는 죄로 오랜 세월 유배 생활을 해야 했어. 하지만 정약용은 고달픈 유배 생활을 학문에 전념할 수 있는 계기로 삼았어. 정약용은 유배 생활을 하는 동안 백성들의 삶을 가까이에서 들여다보며 조선 사회의 문제점을 더 깊이 알게 되었어. 그래서 이를 해결하기 위한 사회 개혁안을 정리하는 데 온 힘을 쏟았지. 정약용은 관직 생활의 경험과 유배 생활에서 연구한 것을 바탕으로 500권이 넘는 책을 썼는데, 이는 실학을 집대성한 것으로 평가받고 있단다.

【 세상과 학문에 새롭게 눈뜨다 】

정약용의 아버지 정재원은 사도 세자가 뒤주에 갇혀 죽음을 당하자 관직에서 물러나 고향으로 내려갔어. 정약용은 정재원이 고향으로 내려가던 바로 그해에 태어났단다. 정약용이 태어난 곳은 지금의 경기도 남양주인데, 남한강과 북한강의 물길이 하나로 합쳐지고 경치가 아름다운 곳이야. 지금은 복원된 정약용 생가와 실학박물관이 세워져 있단다.

   정약용은 열다섯 살 때 한양에 사는 풍산 홍씨 집안의 딸과 혼례를 올렸어. 이때 마침 아버지가 다시 관직을 맡게 되자 아버지를 따라 한양으로 올라가 살게 돼. 정약용은 한양 생활을 하면서 이익의 증손자이자 남인을 대표하는 대학자인 이가환과 매형 이승훈 등 이익의

정약용 초상화

정약용 생가 정약용이 태어난 집이다. 정조가 세상을 떠나자 정약용은 고향으로 돌아가 이 집 이름을 '여유당'이라 지었다. 겨울 냇물을 건너듯 조심스럽게 살아가려는 뜻을 담은 이름이다.
경기도 남양주시 조안면 능내리에 있다.

학문을 이어받은 이들과 가까이 지내며 세상과 학문에 새롭게 눈떴단다. 이 무렵 정약용은 실학자인 이익이 남긴 책들을 보고 크게 감명받아 학문의 뜻을 굳혔다고 해.

정약용은 이익의 실학 사상을 적극 받아들이면서 건축, 수학, 지리, 과학 기술 등 여러 분야의 학문을 두루 익혔어. 또한 천주교를 접하면서 서양의 학문과 과학에도 관심을 두었지.

정약용은 스물여덟 살에 문과에 합격해 벼슬길에 나갔어. 그리고 규장각의 초계문신이 되면서 정조의 개혁 정치에도 참여할 수 있게 된단다.

【 지방관으로 백성의 삶을 살피다 】

여러 벼슬을 거치던 정약용은 1794년 정조의 명을 받아 비밀리에 임무를 수행하는 경기도 암행어사로 파견되었어. 정약용은 암행어사로 활동하면서, 백성을 수탈하는 탐관오리는 관직의 높고 낮음에 상관없이 고발하여 처벌을 받게 했지. 백성들의 어려움을 알고는 있었지만 암행을 다니면서 본 농촌의 현실은 생각했던 것보다 더 심했어. 이때 정약용이 지은 시에는 그 무렵 백성들의 힘겨운 삶이 잘 드러나 있단다. 「왕명을 받고 염찰사로 적성촌에 이르러 짓다」라는 시의 한 대목을 보자.

구멍 난 항아리 헝겊으로 새는 곳 발랐고
찌그러진 시렁대(선반)는 떨어질까 새끼줄로 매었네.
놋수저는 지난번 이장에게 빼앗기고
무쇠솥은 다시 인근 양반에게 빼앗겼다네.
닳아 빠진 푸른 이불 오직 한 채 남았으니
부부유별 그 말 따져 보았자 무엇하겠나.
아이들 해진 저고리는 어깨 팔뚝 다 나왔으니
태어나서 바지나 버선 한번 걸쳐 보았겠나.

정약용은 이런 현실을 보면서 백성들이 왜 고통 속에서 가난하게 사는지, 어떻게 하면 백성들의 처지가 나아질 수 있을지 고민했어.

그 뒤로도 정약용은 금정역 찰방과 곡산 부사를 지내면서 백성을 아끼고 잘 살펴 백성들의 존경을 받았어. 이런 경험들은 나중에 정약용이 쓴 책에 고스란히 반영되었단다.

【 과학 기술 발전에 힘쓰다 】

정약용은 유학자였지만 기술을 천시하던 여느 유학자들과 달리 과학 기술에도 관심이 많았어. 정약용은 "기술은 시간이 흐르면서 발전한다."면서 "이미 전해진 기술이라도 여러 사람이 모여 고민하다 보면 더 발전되고 정교해질 수 있다."고 했어.

정약용은 조선이 발전하려면 중국의 선진 기술을 들여와야 한다고 하면서 이를 맡아 처리할 관청을 두고, 기술 전문인을 뽑아 중국에서 기술을 배워 와 시험해 보자고도 했어. 또 기술자를 우대하는 정책을 펴서 기술자를 많이 길러 내자고 주장했단다.

실제로 정약용은 뛰어난 기술 관료이기도 했어. 정약용은 정조가 화성에 있는 아버지 사도 세자의 묘소를 참배하러 갈 때 짧은 시간에 안전하게 한강을 건널 수 있도록 배다리를 설계했어. 배 80척을 나란히 세우고 밧줄로 연결한 다음 배 위에 널판을 깔아 그 위로 행차 행렬이 지나갈 수 있게 한 거야.

이 일로 정약용은 정조에게 능력을 인정받아 수원 화성의 성곽 설계까지 맡았어. 또 거중기와 녹로, 유형거를 만들어 화성을 축성할 때 중요하게 사용했단다.

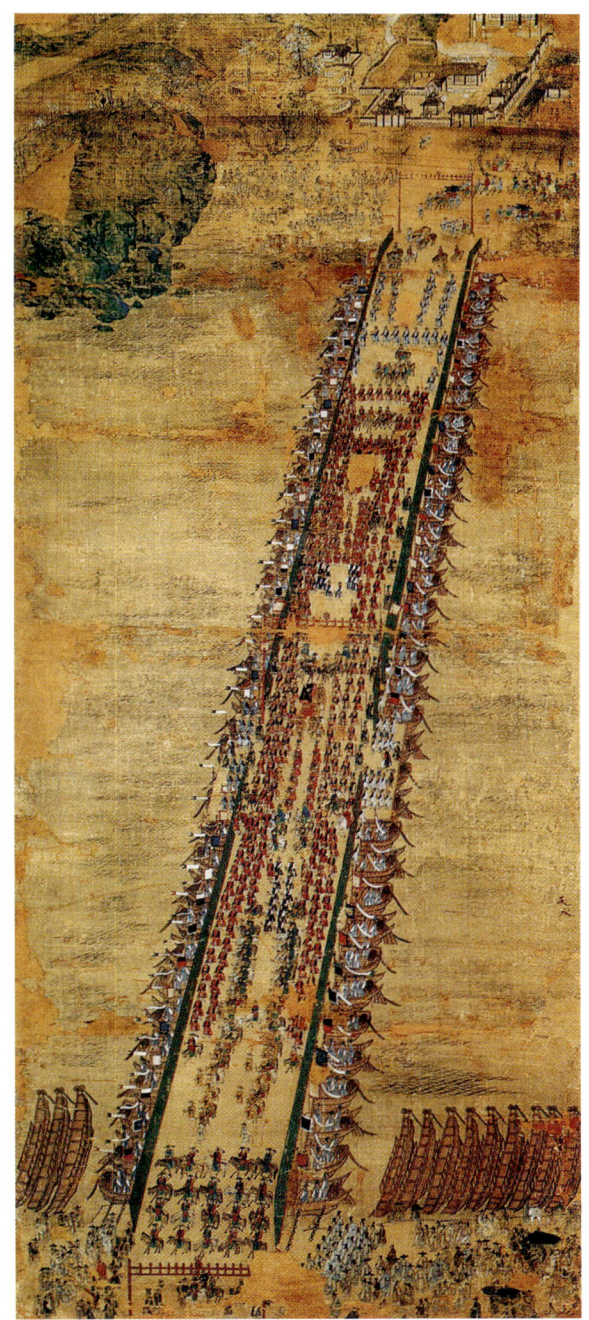

배다리 정조의 명에 따라 정약용이 한강을 오가는 장삿배를 이용해서 한양의 용산과 노량진 사이에 임시로 만든 다리이다. 정조가 수원 화성을 떠나 배다리를 건너 창덕궁으로 돌아가는 장면을 그린 그림이다.

문화 중흥의 시대를 열다

【 강진으로 유배를 가다 】

정약용을 아끼고 신뢰하던 정조가 세상을 떠나자, 정약용의 인생에 큰 시련이 닥쳐왔어. 정조가 죽은 뒤 나이 어린 순조를 대신하여 수렴청정을 하게 된 정순 왕후와 정권을 잡은 노론 세력이 반대파인 남인을 제거하기 위해 천주교를 대대적으로 탄압했기 때문이야. 그 무렵 남인 중에는 천주교를 믿거나 천주교에 호의적인 사람들이 많았거든.

정약용의 형 정약전과 정약종도 천주교 신자였어. 정약전은 과거 답안에 서양 학설을 주장하기도 했고, 정약종은 우리나라 최초의 천주교 교리서를 한글로 쓸 정도로 천주교에 대한 믿음이 컸어. 정약용은 스물세 살에 큰형 정약현의 처남인 이벽을 통해 천주교를 처음 접하고 신자가 됐지만, 정조가 살아 있을 때 이미 천주교와 관계를 끊은 상태였어.

정순 왕후와 노론 세력의 천주교 탄압으로 천주교 신자는 물론 천주교를 연구하던 학자들, 청나라 신부 등 수백 명이 죽음을 당했어. 이때 정약종도 천주교에 대한 믿음을 떳떳하게 밝히고 처형당했어. 정약용과 정약전은 겨우 처형을 면하고 유배를 가게 되었단다. 두 형제는 함께 귀양길에 올랐다가 전라도 나주에서 갈라져 정약용은 강진으로, 정약전은 흑산도로 갔어.

유배지인 강진에 왔지만 정약용은 마땅히 머물 곳이 없었어. 이곳 사람들은 정약용을 흉악한 죄인으로 여기고 따가운 눈총을 보냈어. 그가 묵는 곳의 문을 부수기도 하고 담장을 무너뜨리고 달아나기도 했지. 그때 정약용의 처지를 딱하게 여긴 주막집 주인 할머니가 정약용에게 작은 방을 하나 내주었어. 이렇게 시작된 정약용의 유배 생활은 무려 18년이나 이어졌단다.

유배 생활은 고달팠지만 정약용은 시간을 헛되이 보내지 않기로 마음을 다잡았어. 책을 얻어다 읽고 백련사라는 절에 드나들며 스님들과 학문 이야기며 세상 돌아가는 이야기를 나누기도 했지. 또 흑산도에서 유배 생활을 하고 있는 둘째 형 정약전과 편지를 주고받으며 서로의 안부를 묻고 학문 연구에 필요한 조언을 구하곤 했어. 정약전도 학문이 깊은 학자였어. 그는 섬에서 유배 생활을 하게 된 것을 계기로 유학자로서는 드물게 물고기 도감인 『자산어보』를 쓰기도 했단다.

 몇몇 집을 옮겨 가며 유배 생활을 하는 동안 처음에는 정약용을 꺼려하던 사람들도 많이 누그러져 정약용에게 아이들을 가르쳐 달라고 부탁하기도 했어. 정약용은 아이들을 가르치면서 백성들의 삶을 가까이에서 지켜보았어. 그러면서 조선 사회의 문제점을 더 깊이 알게 되었지. 정약용은 어떻게 해야 백성들이 잘살고 나라가 부강해질 수 있을지 현실적인 방법들을 고민하고 연구했어.

 그러던 중 정약용은 만덕산 기슭의 자그마한 초가집으로 거처를 옮겼어. 차가 많이 난다고 하여 다산이라 불리는 이곳의 이름을 따서 자신의 호를 '다산'이라 짓고, 초가집에도 '다산 초당'이라는 이름을 붙였지. 정약용은 이곳에서 제자들을 가르치며 책 쓰는 일에 몰두했어.

다산 초당 정약용은 이곳에서 수많은 책을 썼다. 원래는 초가집이어서 '초당'이라 했는데, 현대에 들어 허물어진 집을 다시 지으면서 기와지붕을 얹었다. 전라남도 강진의 만덕산 기슭에 있다.

【 실학을 집대성하다 】

정약용은 쉰일곱 살에야 18년간의 긴 유배 생활에서 풀려났어. 정약용은 고향에 돌아와서도 유배 시절에 써 놓은 책들을 수정하고 보완하거나, 초안만 잡아 놓았던 책을 썼어. 그 결과 500권이 넘는 방대한 책을 남기게 되었지. 정약용이 쓴 책들은 정치, 경제, 사회, 지리, 역사, 천문 기술 등 다양한 분야에 걸쳐 있어. 그중에서도 『경세유표』, 『목민심서』, 『흠흠신서』는 정약용의 3대 저술로 꼽혀. 이 세 권의 책을 '1표 2서'라고 해.

『경세유표』는 조선의 정치·경제·사회 전반에 걸친 나라 제도의 개혁안을 정리한 책이야. 정약용은 나라를 완전히 개혁하여 새로운 체제로 바꾸기 위해 이 책을 썼다고 해.

『목민심서』는 지방관이 갖추어야 할 덕목을 담은 책이야. 백성을 가장 가까이에서 돌봐야 할 지방관이 어떻게 하면 백성을 올바르게 이끌 수 있는지를 곡산 부사를 지낼 때의 경험을 바탕으로 썼어.

『목민심서』 내용 가운데 한 대목을 들려줄게. 정약용은 지방관이 지녀야 할 자세 가운데 하나로 "조정의 높은 관리가 사사로이 편지를 하여 뇌물로 청탁하는 것을 들어줘서는 안 된다."는 점을 들면서 자기가 겪은 이야기를 본보기로 실어 놓았어.

정약용이 금정역 관리로 있을 때 홍주 목사인 유의에게 편지를 보냈는데 한참이 지나도 답장이 없었대. 나중에 유의를 만나서 왜 답장을 안 했냐고 물었더니, "나는 원래 수령으로 있을 때는 편지를 뜯어 보지 않는다오!" 하더래. 그러고는 심부름하는 아이에게 편지함을 가져오게 해서 쏟았는데, 실제로 모두 뜯지 않은 편지들이었어. 얼핏 보니 조정의 높은 관리들이 보낸 편지들이었지.

그때 정약용이 자기가 보낸 편지는 비밀리에 처리해야 할 공문이었다고

『목민심서』 지방관이 어떤 마음가짐으로 백성들을 다스려야 하는지 일깨워 주는 지침서이다.

하자, 유의는 "그럼 왜 비밀 공문으로 보내지 않았소?" 하더래. 정약용은 그의 말이 맞는지라 더는 대답을 못했다는구나. 유의가 청탁 문제에 대처하는 자세가 그만큼 철저했다는 거지.

『흠흠신서』는 정약용이 유배지에서 작성했던 초안을 바탕으로 유배에서 풀려나 고향에 돌아가 쓴 책이야. 『목민심서』의 형전 부분을 보충했다고 할 수 있어. 형전의 형사 판결 조항을 자세히 풀어 놓았지. '흠흠'이란 '걱정되어 잊지 못하는 모습'을 말하는 것으로, 관리들에게 재판을 신중하게 할 것을 당부하는 뜻이 담겨 있어. 이 책은 과거를 보기 위해 공부만 했던 지방관이 법을 잘 몰라서 사건을 제대로 해결하지 못하는 일이 없도록 하기 위해 쓴 거란다.

『경세유표』, 『목민심서』, 『흠흠신서』를 비롯해 정약용이 쓴 500여 권의 책에는 중농학파 실학자들이 중요하게 제시한 농업 문제와 토지 개혁은 물론 중상학파 실학자들의 북학 사상까지 실학의 핵심이 집대성되어 있어. 정약용의 개혁안은 비록 현실 정치에서 이루어지지 못했지만, 그의 예리한 현실 비판의 눈과 깊은 학문 체계는 오늘날에도 본받을 점이 많단다.

키워드 16 산수화와 풍속화

그림 속에 살아난 조선의 자연과 풍속

영조와 정조 대에는 조선의 문화와 예술 분야에서 큰 변화가 일어났어. 무엇보다 그림에서 뚜렷한 변화를 엿볼 수 있지. 이전까지는 중국풍의 산과 강의 모습을 그렸는데, 비로소 우리의 고유한 자연과 풍속을 묘사하는 그림이 나타나기 시작한 거야. 조선 후기를 대표하는 3대 화가 정선, 김홍도, 신윤복을 중심으로 조선 후기에 크게 유행한 산수화와 풍속화를 만나 보자.

【 조선의 산천을 그린 화가, 정선 】

우리나라 산과 강의 참모습을 그린 그림을 '진경산수화'라고 해. 진짜 우리의 산수를 직접 보고 우리만의 화풍으로 그렸다는 뜻이지.

그전에도 산이나 강 등 자연을 소재로 그린 산수화는 많았어. 그러나 중국 산수화의 영향을 많이 받아서 우리나라에 없는 상상 속의 자연이나 중국의 시구절에 나오는 풍경을 즐겨 그리곤 했지. 또 중국의 산수를 그대로 베끼거나, 우리의 산천을 그리더라도 중국 화풍으로 그리는 경우가 대부분이었어. 이는 중국의 산세나 풍경을 최고로 치는 중화사상이 뿌리 깊게 배어 있었기 때문이야.

반면 진경산수화에는 우리 자연과 문화에 대한 깊은 애정과 자부심이 바탕에 깔려 있어. 그리고 조선의 자연을 실제로 보고 느낀 감흥을 생생하게 화폭에 담았기 때문에 생동감이 흘러넘쳤단다.

이러한 진경산수화의 대가로 손꼽히는 사람은 겸재 정선이야. 정선은 양반 출신으로 영조 때 벼슬까지 지냈지. 예술에 꽤 조예가 깊었던 영조는 정선의 이름을 부르지 않고 호만 부를 정도로 그의 재능을 아끼고 적극 후원했어. 58세의 정선을 경상도에서 가장 경치가 좋다는 청하의 현감으로 임명하는가 하면, 몇 년 뒤에는 경기도 양천의 현령으로 임명해 한양 근교의 명승들과 한강 변의 풍경을 화폭에 담게 했단다.

정선이 진경산수화라는 새롭고 독특한 화풍을 이룰 수 있었던 것은 조선의 빼어난 경치를 찾아 평생을 여행한 덕분이었어. 정선은 좋은 그림을 얻기 위해 금강산을 비롯하여 전국의 유명한 산과 강을 구석구석 찾아다니며 수없이 많은 밑그림을 그렸다고 해. 정선이 얼마나 돌아다녔는지 그가 평생 닳아 없애 버린 신발만 해도 무려 2천 켤레가 넘었다고 하는구나.

정선의 진경산수화 가운데 걸작으로 꼽히는 그림은 「인왕제색도」와 「금강전도」란다.

비 온 뒤 안개가 피어오른 인왕산의 풍경을 그린 「인왕제색도」는 정선 특유의 붓놀림이 돋보이는 그림이지. 먹물을 흠뻑 묻힌 큰 붓으로 바위를 크게 그리고, 여백으로 바위의 틈새를 표현해 실감 나는 풍경을 완성했어.

인왕제색도 어느 여름날 비가 그치고 난 뒤 안개가 피어오르는 인왕산의 모습을 그렸다. 국보 216호.

금강전도 정선이 실제 금강산의 모습을 보고 그린 그림으로, 가장 빼어난 진경산수화로 손꼽힌다.
국보 217호.

정선은 금강산을 몇 차례나 다녀올 정도로 금강산에 대한 애정도 깊어서 「정양사도」, 「금강전도」, 「만폭동도」, 「비로봉도」 등 금강산을 소재로 한 명작을 많이 남겼어. 그중에서도 가장 걸작이며 진경산수화의 결정체라고 할 수 있는 것이 「금강전도」란다.

「금강전도」는 마치 항공 촬영을 하듯이 하늘에서 내려다보는 모습으로 금강산 1만 2천 봉우리를 한 화폭에 장대하게 담아 냈어. 뾰족하고 험한 바위산은 위에서 아래로 붓을 힘차게 쭉쭉 내리그어 그렸고, 왼쪽의 흙산은 붓을 옆으로 눕혀서 크고 작은 점을 찍어 표현했지.

정선은 80세가 넘어서도 손에서 붓을 놓지 않을 정도로 그림에 대한 열의가 대단했다고 해. 이러한 정선의 정신과 화풍은 후대에도 큰 영향을 끼쳐 조선의 화단을 풍요롭게 했단다.

【 백성들의 삶을 실감 나게 그린 화가, 김홍도 】

풍속화로 유명한 김홍도는 그림과는 별 관계없는 중인 집안에서 태어났지만 어릴 때부터 그림 솜씨가 무척 뛰어났다는구나. 그래서 당시 유명한 문인 화가였던 강세황이 그의 실력을 알아보고는 그림 공부를 시켜 주었다고 해. 타고난 실력 덕분인지 김홍도는 스무 살이 되기도 전에 도화서 화원이 되었어.

도화서는 나라에 필요한 기록을 그림으로 그리는 관청이야. 도화서에서는 주로 왕을 비롯한 왕실의 결혼식, 장례식, 궁중 잔치 등 국가 행사를 그림으로 꼼꼼하게 기록했어. 김홍도가 정조의 화성 행차를 묘사한 8폭의 「수원능행도」 병풍에도 행차에 동원된 사람과 말, 그리고 구경 나온 백성들의 모습이 섬세하게 표현되어 있단다. 이 그림을 보면서 우리는 그때 행차 현장의 분위기를 생생하게 느낄 수 있지. 지도를 제작하거나 왕이나 명망가들의 초상화를 그리는 일도 도화서 화원의 몫이었어. 김홍도도 왕의 초상화인 어진을 비롯해 여러 사람의 초상화를 그렸단다.

하지만 김홍도의 그림 하면 뭐니 뭐니 해도 풍속화가 제일이지. 풍속화란 그 시대를 살아가는 여러 계층의 다양한 모습을 그린 그림이야. 세속의 모습을 그린 그림이라는 뜻에서 '속화'라고도 해.

조선 후기 풍속화를 이끈 사람은 김홍도, 신윤복, 김득신 등 주로 도화서의 화원들이었어. 그중에서도 김홍도는 익살스럽고 정감 어린 필치로 백성들의 생활 모습을 화폭에 담아냈단다.

김홍도는 우리가 잘 알고 있는 「서당」이라든가 「씨름」, 「활쏘기」를 비롯해 「대장간」, 「기와 올리기」, 「새참」 등 백성들이 생활하는 모습을 실감 나게 그렸어. 저고리를 풀어헤치고 즐겁게 일하고 있는 사람들의

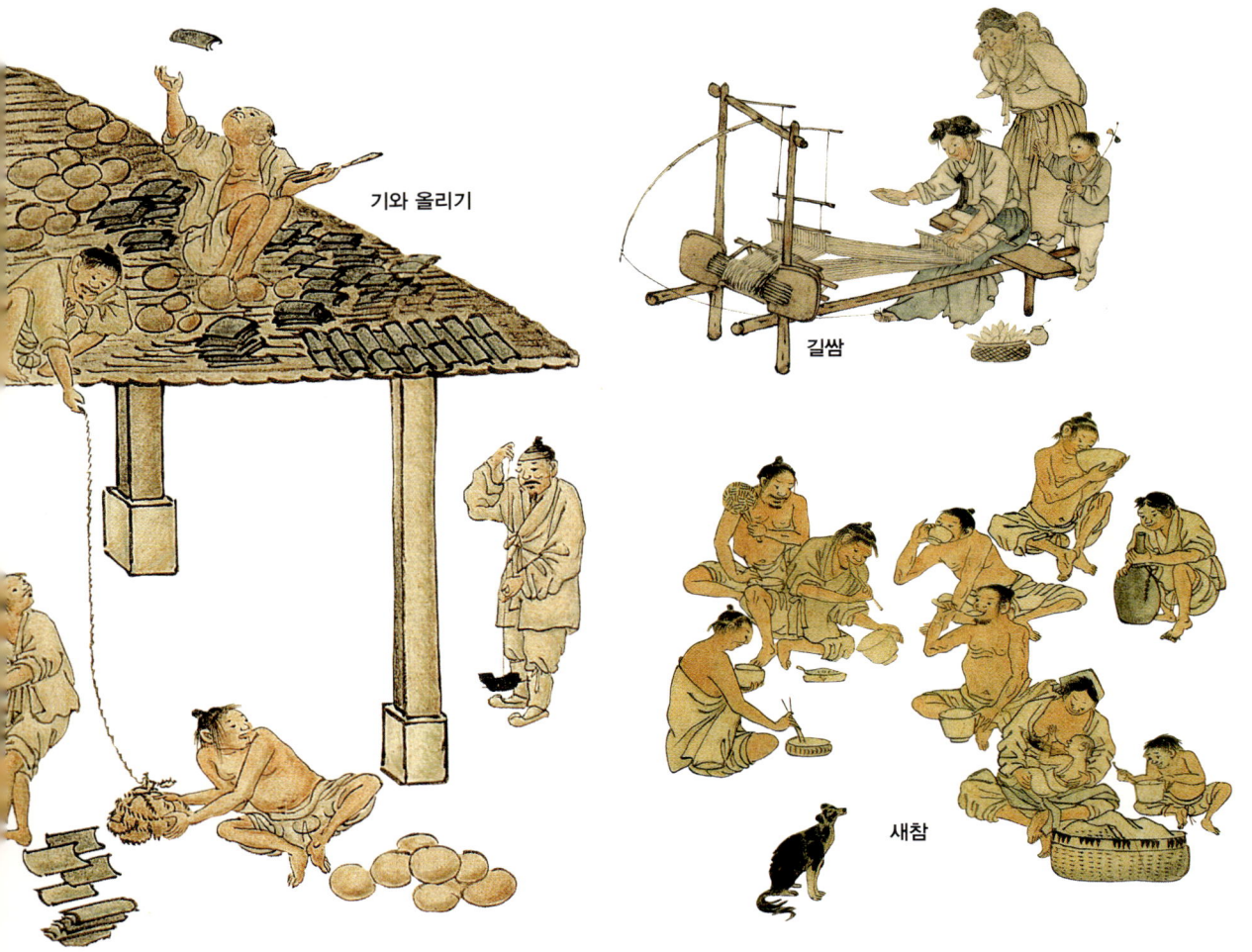

기와 올리기

길쌈

새참

모습, 새참을 먹다가 갓난아이에게 젖을 물리는 어머니의 모습은 소박하면서도 활기가 넘치지.

오른쪽 그림을 봐. 머리에 사방관을 쓴 양반이 자리를 짜는 모습이 그려져 있어. 아내는 물레를 돌리고 있고, 그 뒤에 있는 아들은 책상도 없이 공부를 하고 있구나. 원래 자리 짜기는 평민이 주로 하는 일인데 양반이 하고 있는 것을 보면 그가

자리 짜기 경제적으로 몰락한 양반의 생활을 엿볼 수 있는 그림이다. 김홍도의 대표적인 풍속화 25점을 엮어 놓은 『단원풍속화첩』(보물 527호)에 수록되어 있다.

몰락한 양반이라는 것을 짐작할 수 있어. 조선 전기만 해도 양반이 생산 활동을 하는 건 상상하기도 힘들었지만, 후기에는 아무리 양반이라도 능력이 없고 가난하면 그림에서처럼 직접 일을 해서 먹고사는 수밖에 없었어. 아들이 열심히 공부해서 집안을 다시 일으키기를 바라면서 말이야.

이렇게 그림만 봐도 당시 백성들의 삶을 알 수 있었기 때문에 김홍도의 풍속화는 정조가 국가 운영에 필요한 자료로 쓰기도 했다고 해.

대장간

말굽에 징 박기

활쏘기

궁궐 밖에 나가 백성들을 직접 보기 힘들었던 조선의 왕들은 당연히 백성들이 어떻게 생활하는지 자세히 알기가 어려웠어. 그 누구보다 백성을 위한 정치를 펼치고자 노력했던 정조도 백성들의 생활을 궁금해했지. 그러니 백성들이 사는 모습을 생생하게 묘사한 김홍도의 다양한 그림이 큰 도움이 되었을 거야. 김홍도가 벼 타작이나 논갈이, 고기잡이, 행상, 베 짜기, 담배 썰기, 집 짓기, 대장간 풀무질 같은 백성들의 생업을 그린 그림과 씨름판, 서당, 주막집, 놀이판, 빨래터의 풍속을 그린 그림들을 보며 정조는 백성을 위한 정책을 만들어 가는 데 힘을 기울일 수 있었겠지?

【 신윤복, 양반과 부녀자를 그리다 】

김홍도와 비슷한 시기에 활약한 또 다른 풍속 화가로 신윤복이 있어. 신윤복은 도화서 화원이 되어 아버지 신한평과 함께 그림을 그렸어. 아버지는 70세가 넘도록 도화서에서 일했지만, 신윤복은 천박한 그림을 그렸다는 이유로 도화서에서 쫓겨났다고 해.

신윤복은 선비들이 기생들과 자유롭게 산천을 유람하는 모습, 남녀가 밤에 몰래 사랑을 나누는 모습, 양반가의 젊은 서방님이 뒤뜰에서 여인을 희롱하는 모습 등 자유분방한 남녀의 모습을 많이 그렸어.

신윤복의 대표적인 그림으로 널리 알려진 것은 단옷날 개울가의 모습을 그린 「단오풍정」이야. 그네를 뛰는 여인과 개울에서 머리를 감고 있는 여인네들을 호기심 어린 눈으로 몰래 훔쳐보는 남자들을 재미있게 그렸지.

조선에서는 일곱 살이 넘으면 남자와 여자가 함

월하정인 깊은 밤에 남녀가 몰래 만나는 모습을 그린 작품이다. 신윤복의 풍속화 30점으로 꾸며진 『혜원풍속화첩』(국보 135호)에 수록되어 있다.

단오풍정 음력 5월 5일 단옷날에 개울가에서 머리를 감고 그네를 뛰며 하루를 즐기던 조선 여인들의 세시 풍속을 생생하게 그렸다.

게 자리를 하지 않을 만큼 남녀의 구분을 엄격히 하며 유교 질서를 중시했어. 그런 만큼 그의 그림은 점잖지 않게 보였을지도 몰라.

그런가 하면 「미인도」에서는 조선 시대 미인의 모습이 어땠는지 가늠해 볼 수 있단다. 여인은 배춧잎처럼 부푼 푸른 치마와 단이 짧은 저고리를 입고 있어. 복스럽고 앳된 얼굴에 다소곳한 콧날과 초승달처럼 가느다란 실눈썹의 고운 눈매, 자그마한 입술에 고개를 살짝 숙이고 있는 모습이 단아하고 참해 보여. 작은 얼굴에 눈이 크고 콧대가 높은 오늘날의 미인과는 사뭇 다른 모습이야.

신윤복이 남긴 그림들은 당시에는 속되게 보였을지 몰라도, 오늘날 우리에게는 조상들의 생활 모습을 알 수 있는 귀중한 자료가 된단다.

미인도

문화 중흥의 시대를 열다 153

키워드 17 　 서민 문화

백성들의 희로애락이 담긴 대중 문화

조선 후기에는 문화 면에서도 새로운 변화가 왔어. 이전만 해도 책을 읽거나 시를 짓고, 음악과 그림을 감상하는 일은 양반들에게나 가능한 일이었어. 일반 백성들은 농사를 짓거나 장사를 하거나 물건을 만들어 먹고살아야 했기 때문에 그럴 만한 시간도, 경제적인 능력도 없었지. 그런데 18세기에 농업과 상업이 크게 발달하면서 경제적으로 여유가 있는 서민들이 생겨났어. 이들이 문화와 예술에 관심을 기울이면서 그동안 양반이 누리던 문화와는 전혀 다른 백성들의 문화가 나타났어. 양반 중심 문화에 대항한다는 뜻에서 이를 '서민 문화'라고 해. 이 시기에 유행한 서민 문화로는 민화, 한글 소설, 사설시조, 판소리, 탈놀이 등이 있단다.

【 복을 비는 그림, 민화 】

조선 후기에는 지방마다 시장이 열려 사람들이 물건을 사고팔기 위해 모여들었어. 시장은 필요한 물건을 사고파는 곳일 뿐 아니라 정보를 교환하거나 놀이를 즐길 수 있는 장소이기도 했어. 시장에서 사람들은 다른 사람과 소식을 주고받으며 세상 돌아가는 이치를 알 수 있었어. 관리들의 부정이나 양반들의 횡포, 악덕 지주들의 야만적인 행위 등을 비판하면서 말이야.

　시장에는 장사꾼만 오는 게 아니었어. 사람이 많이 모이는 곳을 찾아다니면서 그림을 그리는 이름 없는 화가들도 있었지. 이들이 그린 그림을 '민화'라고 하는데, 일반 백성이 그린 민속적인 그림이라는 뜻이야.

　민화는 양반이나 화원 출신 화가들이 그린 그림보다 세련되지는 못했지만 백성들의 생각과 욕구를 솔직하게 표현해 인기가 많았어. 경제적으로 풍요로워져서 먹고살 만한 여유가 있는 백성들은 민화를 하나둘씩 사 모아 벽에 걸거나 병풍으로 만들어 집 안을 장식했단다.

민화에는 까치와 호랑이를 비롯해 복을 불러 주고 귀신을 쫓는다고 여겨지는 동물이 많이 등장해. 오래 살기를 바라는 마음에서 장수의 상징인 소나무와 대나무, 거북, 학, 불로초 따위도 자주 그렸고, 공부를 열심히 하라는 뜻에서 책과 문방구를 그리기도 했어.

까치 호랑이 까치는 반가운 소식을 전해 주는 동물이고, 호랑이는 귀신을 물리치는 영험한 동물이라 여겨서 까치와 호랑이를 함께 그렸다. 옛사람들은 나쁜 기운을 막기 위해 까치 호랑이 그림을 집 안에 붙이기도 했다.

동식물 말고 글자를 소재로 해서 그린 것도 있었어. 주로 '아프지 않고 오래오래 살게 해주세요!', '부자가 되게 해 주세요!', '아들을 많이 낳게 해 주세요!' 같은 바람을 담은 글자가 많았지. 이렇게 글자로 그린 그림을 '문자도'라고 해. 문자도 중에는 충(忠)이나 효(孝) 같은 유교 윤리를 담은 그림도 있었어.

민화는 자식을 잘 낳고 걱정 없이 살고 싶어 하는 백성들의 희망을 담았기 때문에 어두운 색보다는 밝고 화사한 색을 입혔단다.

민화

민화는 민속적이고 실용적인 그림이다. 조선 후기 사람들은 병풍이나 족자를 만들어 방을 장식하거나, 영험한 동물 그림을 대문에 붙여 악귀를 막는 등 여러 용도로 민화를 이용했다. 대부분 그림 교육을 받지 않은 이들이 그려서 정통 회화보다 서툴지만 자유분방하다.

백수백복도 '목숨 수(壽)'와 '복 복(福)'자로 구성한 그림으로, 오래 살고 복을 많이 받게 해 달라는 소망이 담겨 있다.

해치 선과 악을 판단하고 정의를 지킨다는 전설 속의 동물이다. 해치가 재앙과 화재를 막아 준다고 여겨서 문 앞에 해치 그림을 붙였다.

모견도 개는 집을 지키는 동물이자 사람을 잘 따르는 친숙한 동물로, 민화에 자주 등장한다.

모란도 꽃이 크고 화려한 모란은 부귀를, 바위는 장수를 상징한다.

문자도 문자도 가운데 유교의 기본 덕목인 효·제·충·신·예·의·염·치 여덟 글자를 그린 그림을 효제도 또는 팔자도라고 한다. 글자와 상징적인 그림을 함께 그려 의미를 더했다.

봉황도 복되고 좋은 기운을 불러들인다는 상상의 동물을 그린 그림이다.

책거리도 선비들은 늘 책을 가까이 두고 싶어 해서 책거리도를 병풍으로 만들어 사랑방을 장식하는 경우가 많았다. 책뿐만 아니라 종이, 문방구, 도자기 등 다양한 일상 용품을 함께 그렸다.

【 서민들 마음을 담아낸 한글 소설 】

허균이 지은 『홍길동전』은 거의 다 알 거야. 서자 출신인 홍길동이 자기 신분을 한탄하다가 도적의 우두머리가 되어 탐관오리를 혼내 주고, 조선 팔도를 떠들썩하게 했다는 내용이지. 광해군 때 한글로 지은 이 소설은 조선 후기로 갈수록 더 많은 사람들이 읽게 돼.

한문으로 쓴 어려운 책 대신 누구나 쉽게 접할 수 있는 한글 소설은 서민들의 정서에 잘 맞아떨어졌어. 왕비를 비롯해 양반집 부녀자들과 일반 백성들도 한글을 쉽게 익혔기 때문에 한글 소설의 인기는 점점 높아졌단다.

대부분의 한글 소설은 잘못을 저지른 자들에게 벌을 내리고, 열심히 살아가는 백성들이 복을 받는다는 내용으로 되어 있어. 백성들은 소설이라는 상상의 공간에서나마 꿈과 희망을 마음껏 펼칠 수 있었고, 자신들이 겪는 아픔을 대신 이야기해 주는 한글 소설을 읽으며 울고 웃었어.

이 시기의 대표적인 한글 소설로는 『홍길동전』, 『춘향전』, 『숙향전』, 『심청전』, 『장화홍련전』, 『흥부전』 등이 있어.

『숙향전』은 전쟁으로 부모를 잃은 여주인공 숙향이 여러 차례 죽을 고비를 넘기고, 양반인 이선과 신분을 뛰어넘는 사랑을 이룬다는 내용이야. 유교 나라 조선에서 목소리를 낮추고 살았던 여인들은 『숙향전』을 읽으며 신분 제도와 남녀 차별에 억눌렸던 감정을 시원하게 풀 수 있었단다.

『춘향전』, 『흥부전』, 『심청전』은 판소리로 전해 내려오던 것들인데, 인기가 좋아서 소설로도 만들어진 거야.

책 읽는 여인 조선 후기에는 많은 여성들이 한글 소설을 즐겨 읽었다.

이렇게 한글 소설의 인기가 높아지면서 출판도 활발히 이루어졌어. 상업적으로 판매하기 위해 출판한 책을 방각본이라고 하는데, 주로 상인들이 방각본 소설을 찍어서 시장에 내다 팔았지. 사람들은 방각본 소설책을 사서 읽는가 하면, 책 살 돈이 없는 사람들은 그 책을 빌려 베껴서 보기도 했어.

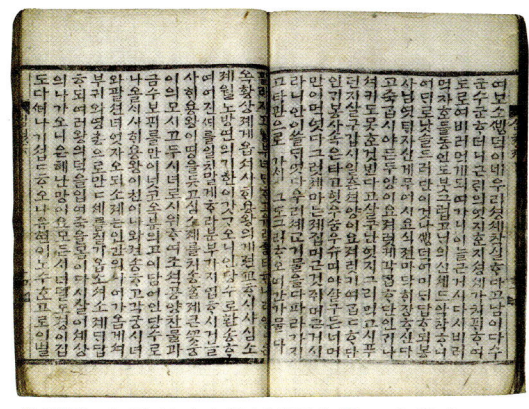

『심청전』 눈먼 아버지 심 봉사의 눈을 뜨게 하려고 인당수에 몸을 던진 효녀 심청의 이야기를 다룬 판소리 「심청가」가 큰 인기를 끌자 한글 소설로 만들어지기도 했다.

지금의 책 대여점과 비슷한 '세책점'이 생겨난 것도 이때야. 세책점에서는 책을 빌려 줄 때 혹시 책을 돌려받지 못할까 봐 놋그릇이나 촛대, 요강 등 책값보다 비싼 물건을 담보로 받곤 했어. 양반집 부녀자들은 금반지나 은비녀를 맡기기도 했지. 책을 돌려주지 않으면 이 담보들을 팔면 되니까 세책점 주인으로서는 크게 손해날 일이 없었겠지?

사람들이 비싼 물건을 담보로 맡기면서까지 소설 읽는 재미에 푹 빠질 만큼 한글 소설은 서민 문화를 꽃피우는 데 큰 역할을 했단다.

【 흥겨운 소리, 판소리 】

판소리는 '사람들이 많이 모인 곳(판)에서 공연하는 노래(소리)'라는 뜻이야. 판소리는 백성들의 살림살이가 나아지는 시기인 숙종 때부터 유행했는데, 주로 사람이 많이 모이는 시장에서 판이 벌어졌어.

　판소리 공연에서는 소리를 하는 소리꾼과 북을 치며 장단을 맞추는 고수가 서로 호흡을 맞추었어. 소리꾼이 "일은 안 하고 모양만 잡고 있는 게 양반이냐?"고 창을 하면, 고수는 북을 두드리며 "얼~쑤!", "좋~다!" 같은 추임새를 넣었어. 이때 관중도 함께 추임새를 넣으며 흥을 돋우면 공연하는 사람과 관중 모두 한마음으로 판소리를 즐길 수 있었지.

　판소리 판이 벌어지면 사람들이 모여 앉아 소리꾼의 한마디에 울고 웃었어. 「심청가」에서 심청이 인당수에 몸을 던질 때는 "아이고!", "어쩌면 좋아." 하며 눈시울을 붉혔고, 「수궁가」에서 자라의 꾐에 빠진 토끼가 간을 빼앗기지 않고 살아 돌아오는 대목에서는 박수를 치며 좋아했단다.

탈 조선 후기에는 양주의 별산대놀이, 송파의 산대놀이, 통영의 오광대놀이, 안동의 하회 별신굿 탈놀이 등 지역마다 특색 있는 탈놀이가 유행했어. 위쪽부터 송파 산대놀이의 옴중탈, 동래야류의 말뚝이탈, 하회 별신굿 탈놀이의 양반탈이다.

옴중탈

말뚝이탈

양반탈

 판소리에는 한문 문장의 시나 산문뿐만 아니라 민요, 사설시조를 비롯해 욕설이나 속어 따위가 섞여 있어서 양반부터 일반 백성들까지 관객층이 다양했어. 사설시조는 서민들이 양반들만 짓던 엄격한 시조 형식에서 벗어나 소박하고 솔직한 감정을 자유로운 형식에 담은 것을 말해. 이때 지어진 사설시조에는 현실을 비판하거나 남녀 간의 사랑, 삶의 애환을 담은 것이 많아.

 판소리가 양반층까지도 즐겼던 문화라면 탈놀이는 좀 더 서민적이라고 할 수 있어. 탈놀이는 탈을 쓰고 하는 가면극인데, 탈놀이가 시작되면 그곳은 순식간에 신명 난 놀이판으로 변했지. 현실을 비판하기도 하고 양반을 풍자하여 웃음거리로 만들기도 하면서, 신분 제도 때문에 억압받던 백성들의 마음을 시원하게 뻥 뚫어 주었단다.

 이렇게 조선의 서민들은 민화, 한글 소설, 판소리, 탈놀이 등을 통해 자기들의 감정과 생각을 거침없이 표현하면서 세상일에도 점점 더 눈떠 가게 된단다.

3 나라 안팎의 변화에 대처하다

'호랑이 없는 굴에 여우가 왕 노릇 한다.'는 옛 속담이 있어. 동물의 왕인 호랑이 대신 여우가 왕 노릇을 할 정도로 상황이 별로 좋지 않다는 뜻이야. 바로 순조 이후 60년 동안 조선의 정치가 꼭 이랬어. 왕권은 약해질 대로 약해지고, 백성들은 살기 힘들어 봉기를 일으키고, 나라 밖에서는 서양 세력이 조선의 문을 열기 위해 조선을 침략했지. 조선은 이 위기를 어떻게 헤쳐 나갔을까?

키워드 18 세도 정치

왕도 마음대로 바꾸는 세력

조선의 왕들은 왕권을 강화하고 안정된 정치를 펼치려고 애썼어. 숙종과 영조, 정조 같은 왕들은 왕권 강화를 바탕으로 경제와 사회, 문화의 중흥기를 이루기도 했지. 하지만 왕권이 약했던 순조와 헌종, 철종이 왕위에 있던 60년 동안은 왕이나 붕당이 아닌 세도 가문이 정치를 쥐락펴락했어. 왕실과 혼인 관계를 맺은 몇몇 특정 가문이 권력을 독점하는 정치 형태를 '세도 정치'라고 해. 원래 세도(世道)란 '세상을 올바르게 다스리는 도리'라는 뜻으로, 성리학의 통치 이념 가운데 하나야. 그런데 이때 펼쳐진 정치는 세도(世道)가 아닌 '세도(勢道)', 곧 세력을 마구 휘두르는 정치였단다.

【 세도 정치의 막이 오르다 】

1800년, 조선 후기의 개혁 정치와 문예 중흥을 이끌던 정조가 세상을 떠나자 열한 살밖에 안 된 아들 순조가 왕위에 올랐어. 왕이 어리다 보니 자연히 왕실의 최고 어른인 정순 왕후가 대신 나랏일을 돌보게 되었지. 정순 왕후는 영조의 왕비였으니까 순조에게는 증조할머니인 셈이야.

　노론 집안 출신인 정순 왕후는 수렴청정을 하자마자 심환지, 이시수, 심용보 등 노론 세력과 육촌 오빠 김관주를 비롯해 자기 집안인 경주 김씨 사람들을 중요한 벼슬자리에 앉혔어.

　정순 왕후와 그 측근은 왕의 친위 부대인 장용영을 없애고, 개혁 정치의 두뇌 역할을 하던 규장각의 기능을 축소해 버렸어. 정조가 왕권을 강화하기 위해 펼친 정책을 물거품으로 만든 거야. 정순 왕후와 경주 김씨 세력은 사도 세자의 죽음을 당연하게 여겼기 때문에 정조와 사이가 안 좋았거든.

이들은 한편으로 천주교 금지령을 내려 천주교를 탄압했어. 정조가 개혁 정치를 위해 등용한 남인 세력을 쫓아내기 위해서였지. 남인 중에 천주교를 믿거나 가까이하는 사람들이 많았거든. 이가환, 이승훈, 정약종 등이 처형당하고 정약용과 정약전이 귀양 가는 등 200여 명의 남인들이 화를 당했어. 1801년 신유년에 일어난 천주교 탄압 사건을 '신유박해'라고 해.

이 일로 남인이 정치권에서 사라지자, 이제 조정에는 정순 왕후 세력을 견제할 만한 세력이 남지 않게 되었어.

정순 왕후는 순조가 15세가 되자 수렴청정을 거두고 1년 뒤 세상을 떠났어. 순조가 직접 나랏일을 돌보게 되었지만, 이번에는 순조의 장인인 김조순을 중심으로 안동 김씨 가문이 높은 관직과 이권을 독차지하고 나랏일을 좌지우지했지. 왕은 제 역할을 못하고 이들이 하는 대로 끌려다니는 처지가 되었어. 본격적인 세도 정치가 시작된 거야.

김조순 초상화 김조순은 순조의 장인으로 세도 정치의 문을 열었다.

옥호정도 김조순의 별장 옥호정을 그린 그림이다. 옥호정은 19세기 한양에서 유명한 대저택이었다.

【 안동 김씨, 세도 정치의 중심에 서다 】

 순조는 아버지 정조처럼 강력한 왕권을 꿈꿨지만, 몸이 허약해서 자주 병을 앓아 나랏일을 보기에도 힘이 부쳤어. 그래서 총명하고 정조를 꼭 빼닮아 개혁적인 성향을 지닌 아들 효명 세자에게 나랏일을 맡겼어. 대리청정을 통해 왕실의 권위를 회복하려 했던 거야.

 효명 세자는 순조의 바람대로 외척인 안동 김씨의 세도 정치를 견제하며, 왕실의 권위를 회복하는 데 힘을 쏟았어. 왕실과 국왕의 위엄을 세우기 위해 궁중 무용에 쓰일 음악을 정리하고 직접 곡을 쓰는 등 음악 사업도 벌였단다. 그런데 안타깝게도 효명 세자는 대리청정 3년 만에 22세라는 젊은 나이로 세상을 떠나고 말았어. 효명 세자의 죽음으로 안동 김씨를 견제하려던 순조의 뜻도 힘을 잃어 갔지.

 얼마 뒤 효명 세자의 죽음을 슬퍼하던 순조마저 세상을 뜨자 순조의 손자 헌종이 왕위를 이어받았어. 아직 여덟 살밖에 안 된 어린 왕이었지. 그러자 이번에는 헌종의 외할아버지 조만영과 풍양 조씨 가문이 권력을 쥐었

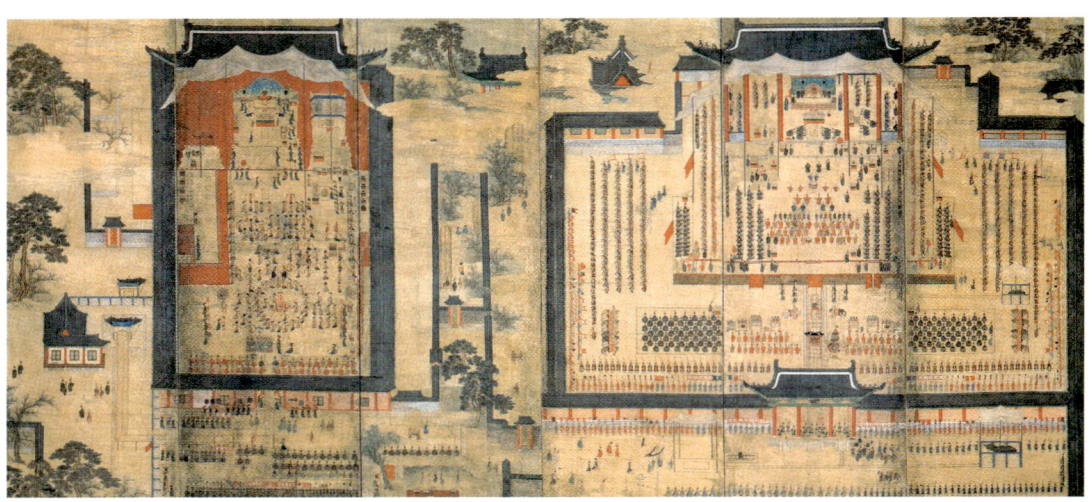

기축년의 궁중 잔치 순조의 나이 40세이자 즉위 30주년이 되던 해인 1829년, 효명 세자가 아버지 순조를 위해 연 궁중 잔치를 그린 그림이다.

단다. 헌종의 뒤를 이은 철종 때는 안동 김씨 딸이 왕비가 되면서 안동 김씨가 다시 권력을 잡았고 말이야.

안동 김씨 가문은 병자호란 때 청나라에 보낼 항복 문서를 찢었던 김상헌의 후손으로 수많은 재상을 배출한 가문이야. 이들은 왕실과의 혼인을 통해 힘을 키워 나갔어. 순조, 헌종, 철종 세 임금의 왕비가 줄줄이 안동 김씨 가문에서 나왔지. 안동 김씨의 세도 정치는 헌종 때 잠깐 풍양 조씨가 정권을 잡은 때를 빼고는 순조부터 철종 때까지 약 60년 동안이나 이어졌단다.

안동 김씨 세력이 얼마나 컸는지는 헌종 다음 왕위에 오른 철종을 보면 알 수 있어. 헌종이 스물세 살에 뒤이을 아들도 없이 죽자, 안동 김씨 세력은 자기들 마음대로 권력을 휘두를 수 있는 사람을 왕위에 앉히고 싶어 했어. 그래서 찾아낸 인물이 '강화 도령'이라 불리는 19세의 이원범이었단다.

이원범은 정조의 배다른 동생인 은언군의 손자야. 할아버지 은언군과 아버지, 형이 역모 사건에 휘말려 강화도에서 귀양살이를 하다가 죽자, 글도 제대로 배우지 못한 채 강화도에서 농사를 지으며 근근이 살아가고 있었지. 그러다가 얼떨결에 조선의 25대 왕 철종이 되었어. 이처럼 왕이 되는 데 필요한 교육은커녕 글도 읽을 줄 모르는 이원범을

강화 행렬도 헌종의 뒤를 이을 강화 도령 이원범을 모시러 가는 왕실 행렬을 그린 역사 기록화이다.

왕가의 혈통이라는 이유만으로 데려다가 허수아비 왕으로 세울 정도로 안동 김씨 세력이 커져 있었던 거야.

【 세도 정치의 폐단, 삼정 문란 】

순조 이후 헌종, 철종 때까지 60년 동안 몇몇 특정 가문이 중요한 관직을 독차지하다 보니 이들을 견제할 세력이 없었어. 붕당 간의 정치 투쟁이 심했을 때도 일당 독재의 폐해는 있었지만 견제 세력이 전혀 없지는 않았어. 하지만 세도 정치기에는 군사권, 인사권, 재정권을 비롯한 모든 권력을 한 가문이 장악하고 있었기 때문에 왕권은 약해질 대로 약해지고 정치 기강도 문란해질 수밖에 없었지.

정치 기강의 문란은 과거 시험과 관직의 임명에서 두드러지게 나타났어. 과거 제도는 이름뿐인 것이 되어 세도 가문에 뇌물을 바친 사람들이 온갖 부정한 방법으로 합격하는 경우가 많았고, 또 과거에 합격하더라도 세도 가문에 줄을 대지 않으면 좋은 벼슬자리를 얻기가 힘들었어. 그래서 안동 김씨를 비롯한 세도 가문의 대문 앞은 언제나 벼슬을 청탁하러 온 사람들로 북적거렸다고 해. 집 안의 창고는 이들이 가져온 뇌물로 가득 찼고 말이야. 특히 헌종과 철종 때 권력의 중심에 있던 김좌근은 물론이고 그가 어여삐 여기던 기생에게까지 벼슬 청탁이 끊이지를 않았다는구나.

세도 가문은 돈을 받고 벼슬을 팔기도 했어. 고을을 다스리는 수령은 대체로 2만 냥에서 3만 냥, 그보다 높은 감사 자리는 5~6만 냥을 받았다고 해. 그렇게 어마어마한 돈을 주고 벼슬자리를 산 수령이나 관리들은 자기들이 들인 본전을 뽑기 위해 백성들에게서 세금을 마구 거둬들이고 땅을 빼앗는 등 부정부패와 수탈을 일삼았어. 이 때문에 세도 정치기에는 삼정의 문란이 매우 심했단다.

조선 후기에 나라 재정의 기본을 이룬 것은 토지에 매기는 세금인 전정, 군대에 가는 대신 군포를 걷는 군정, 흉년이 들거나 곡식이 없을 때 백성들에게 쌀을 빌려 주었다가 가을에 이자와 원곡을 걷는 환곡이었어. 이 세 가지를 '삼정'이라고 해. 세금은 지방의 수령이 마을 단위로 걷어 중앙 정부에 납부했는데, 이 과정에서 온갖 부정부패가 저질러진 거야.

먼저 오늘날의 토지세에 해당하는 전정의 경우, 농사를 짓지 않는 땅에는 원래 세금을 물리지 않는 법인데 그대로 물리

수령 부임 축하 잔치 세도 정치기에 돈을 주고 벼슬을 산 수령들은 자기들이 들인 본전을 뽑기 위해 백성들을 수탈했다. 지방 관아에 새 수령이 부임해 축하 잔치를 여는 장면을 그린 그림이다.

는가 하면 홍수나 가뭄이 들어 농사를 못 지어도 정해진 대로 세금을 거두었지. 기본적으로 거둬들이는 세금 말고도 서원의 경비와 수령의 어머니가 타는 가마 수리비 등 40가지나 되는 새로운 부가세 항목을 만들어 정해진 양보다 훨씬 많이 거두었어.

군정의 문란도 전정 못지않게 심했어. 군포에 대한 부담은 영조 때 군포 2필을 1필로 줄이는 균역법이 시행되면서 어느 정도 줄어들었는데 세도 정치기에 들어서면서 백성들의 부담이 더욱 커진 거야. 세도 정치기에는 양인들이 삼정의 부담을 피하기 위해 돈을 주고 양반 신분을 사는 일이 더 많아

졌어. 그만큼 군포를 내야 할 양인의 수는 줄어들었지. 그런데도 지방마다 할당된 군포의 양은 줄지 않고 그대로였어. 그러니 자연히 양인 한 명이 부담해야 할 군포는 몇 배로 늘어날 수밖에 없었단다.

부족한 군포는 갖은 방법으로 채워졌어. 16세부터 60세까지의 양인 남자가 군대에 가는 대신 물어야 할 군포를 60세가 넘은 노인이나 어린아이, 심지어 이미 죽은 사람에게까지 물렸어. 군포를 내지 않고 도망가는 사람이 있으면 그 이웃이나 친척에게 도망간 사람의 군포를 대신 내라고 닦달했단다. 군포를 내지 않으면 농사짓는 소까지 끌고 갔어. 갓 태어난 아기까지 군적에 올려 군포를 거두려 하자, 이 모두가 자식 낳은 죄라면서 생식기를 자른 남자도 있었다고 해.

삼정 가운데 가장 폐단이 심한 것은 환곡이었어. 환곡은 원래 흉년이 든 해나 곡식이 떨어져 가는 봄철에 백성들에게 곡식을 빌려 주고 추수가 끝나는 가을에 이자를 조금 붙여서 거두어들이는 제도야. 말하자면 오늘날의 사회 보장 제도 같은 것인데, 수령과 아전들이 고리대업처럼 이자를 높게 받아 환곡의 문란이 심해진 거야.

관아에서 환곡을 실시하려면 일정한 양의 곡식을 창고에 보관해야 했어. 그리고 관아에서 보관하고 있는 곡식의 양과 백성에게 빌려 주고 받은 양을 장부에 적어야 했지. 그런데 수령과 결탁한 아전들은 환곡이 필요 없는 백성들에게까지 억지로 곡식을 빌려 준 다음 이자를 받거나, 곡식을 중간에서 빼돌리고 장부에는 빌려 간 것으로 적은 뒤 곡식을 갚으라고 억지를 부리기도 했어. 또 빌려 줄 때는 곡식에 겨를 섞고 돌려받을 때는 멀쩡한 쌀을 받아 이익을 남기기도 했지.

이처럼 세도 정치 때문에 흐트러진 정치 기강은 관리들의 횡포로 이어졌고, 거기에서 비롯된 피해는 고스란히 백성들의 몫이 되었어. 무거운 세금을 견디지 못한 농민들은 고향을 버리고 이리저리 떠돌거나, 산속에 숨어 살며 산을 태워 농사를 짓는 화전민이 되기도 했고, 농한기에는 광산에 모여들어 임금 노동자가 되기도 했지. 국경을 넘어 간도나 연해주로 이주하는 농민도 적지 않았어.

삼정의 문란으로 세금의 부담을 견디다 못한 백성들은 순조 때 일어난 홍경래의 난을 비롯하여 철종 때 경상도 진주 등 삼남 지방을 중심으로 대규모 농민 봉기를 일으키게 된단다.

키워드 19   **홍경래의 난**

우리도 똑같은 조선의 백성이오!

1811년 세도 정치가 점차 기승을 부리면서 농민들의 삶이 팍팍할 대로 팍팍해진 시절, 몰락한 양반 출신인 홍경래가 평안도에서 봉기의 횃불을 높이 올렸어. '평안도 농민 전쟁'이라고도 불리는 이 사건에는 대상인과 중인, 무사, 유랑 농민, 노비 등이 대거 참여했어. 이들은 왜 난을 일으킨 걸까?

【 서북 지방 사람들에 대한 차별 】

홍경래가 난을 일으킨 평안도는 함경도와 더불어 서북 지방이라 불러. 서북 지방은 땅이 기름지지 않고 거칠어서 농산물의 생산량은 그리 많지 않은 대신 중국과 국경이 닿아 있어 오래전부터 상업이 발달했지.

서북 지방 사람들 가운데 성공한 대상인과 상업적 농업에 종사하는 부농들은 경제적인 능력을 갖춘 만큼 사회적, 정치적 지위를 누리고 싶어 했어. 이들은 신분을 위조해 양반이 되기도 하고, 일부는 지방 자치 기관인 향청에서 일하며 지역 사회에 영향을 끼치기도 했어. 그러나 중앙 관직으로 나아가는 길은 거의 막혀 있어 불만이 점점 쌓여 갔단다.

서북 지방에는 사대부가 거의 없는데, 이 지역 출신들 가운데 과거 급제자는 대부분 무과였기 때문이야. 태조 이성계는 서북 지방에 고려 왕조를 지지하는 사람들이 많다는 이유로 "서북 지방 사람은 높은 벼슬에 임용하지 말라."는 말을 남기기도 했지.

태조가 남긴 말 때문인지 서북 지방 출신은 관직에 오르더라도 높은 관직에 진출하기 어려웠어. 이중환이 쓴 지리서인 『택리지』에는 한양의 사대

평양 감사 부임 축하 잔치 평양 감사의 부임을 환영하기 위해 대동강 변에서 열린 화려한 잔치를 그린 그림이다. 상업이 발달한 평안도 지역이라 잔치도 무척 호화로웠다.

부가 서북 지방 사람과는 혼인을 꺼렸다는 기록도 남아 있단다.

서북 지방에 대한 정치적인 차별은 조선 건국 이래 계속되었고, 세도 정치 아래에서도 다르지 않았어. 세도 정치기에 이 지역에 파견된 수령들은 온갖 명목으로 세금을 거둬들였어. 서북 지방은 여느 지방과 달리 세금을 한양으로 보내지 않고 수령이 알아서 지방 재정으로 썼기 때문이야. 지역적인 특성상 국경 수비와 중국과 조선을 오가는 사신들이 머무는 비용 등이 들기 때문에 중앙 정부로 보내지 않았거든. 사정이 이렇다 보니 수령들은 거둔 세금을 마음대로 사용하고 부족하면 백성들에게서 더 거두었어.

이렇게 중앙 정부의 정치적인 차별과 수령의 수탈에 견디다 못한 사람들은 스스로 살길을 찾기로 했어. 그 길의 맨 앞에 선 사람이 홍경래였지.

【 억울함을 풀고자 난을 일으키다 】

홍경래는 서북 사람들에 대한 차별에 불만을 품고 있던 김창시, 우군칙 등과 함께 10여 년 동안 봉기를 준비했어. 김창시는 홍경래를 도와 봉기의 명분을 알리는 일을 했고, 우군칙은 운산 촛대봉에 광산을 열고 빈민을 모아 군사로 훈련하는 데 앞장섰어. 역참 노비 출신이지만 장사로 부자가 된 이희저는 다복동에 집을 짓고 이들을 도왔지.

1811년 12월, 홍경래는 스스로를 평서대원수라 일컫고 거사를 일으켰어. 오랜 시간 준비하고 일으킨 거사인 만큼 초기 반란군의 위세는 대단했어. 다복동에서 1천여 명의 군사를 일으킨 홍경래 세력은 평안도 사람들의 큰 호응을 얻었어. 관리들의 횡포에 질린 농민들도 몽둥이와 창, 곡괭이 등을 들고 반란군에 가세했지. 이들은 순식간에 선천, 곽산, 정주 등 9개 고을을 점령했어.

순무영진도 1811년 관군이 정주에서 홍경래군과 대치하고 있는 장면을 그린 그림의 일부이다.

그런데 조정에서 보낸 군대가 반격하면서 반란군은 서서히 밀리기 시작했어. 결국 반란군 지도부와 농민군 2천여 명은 최후의 거점인 정주성으로 후퇴해 마지막 저항에 나섰어. 그러나 반란을 일으킨 지 4개월 만에 정주성은 함락되고 말았지. 홍경래는 전사하고, 우군칙과 이희저 등은 도주했다가 곧 체포되어 처형당했어. 관군에 체포된 사람들은 모두 3천여 명이었어. 이 가운데 열 살 안 된 어린아이를 제외한 약 2천 명이 바로 처형당했단다.

【 홍경래는 결코 죽지 않았다 】

홍경래의 난은 흔히 '평안도 농민 전쟁'이라고도 하는데, 반란에 많은 농민들이 참여했기 때문이란다. "평양 감사도 저 하기 싫으면 그만"이라는 말이 있을 만큼 평안도는 경제적으로 풍요로운 곳이었지만, 관리들이 세금을 지나치게 많이 거두는 횡포가 이어지면서 농민들의 삶은 더욱 어려워졌고, 마침내 반란이 일어나자 함께 들고일어난 거야.

홍경래의 난은 세도 정치를 그만둘 것과 서북 지역에 대한 차별을 멈출 것을 내세우며 일어났지만, 평안도 지역에 한정된 농민 전쟁으로 끝나고 말았어. 오랜 기간에 걸쳐 준비한 반란이었음에도 충분한 물자를 확보하지 못했고, 무엇보다 홍경래를 비롯한 지도부가 농민군을 효과적으로 끌어들이지 못했기 때문이야. 삼정의 문란이나 탐관오리의 횡포로 힘겨워하는 농민의 문제를 적극적으로 해결하려는 개혁안을 내놓지 못해 전국의 농민들에게 공감을 얻을 수 없었던 거지.

그렇지만 홍경래의 난은 19세기 조선 사회를 저항의 시대로 열어 나가는 원동력이 되었어. 홍경래의 난을 지켜본 백성들은 정부에 맞서 개혁을 요구하는 모습에 큰 용기를 얻었어. 그래서 이후 진주 농민 봉기 등 전국 여기저기에서 크고 작은 봉기를 일으키게 되지.

농민들에게 홍경래는 죽어서 사라져 버린 존재가 아니었어. "홍경래가 살아 있다.", "정주성에서 죽은 홍경래는 가짜다.", "홍경래가 우리를 도우러 온다." 같은 이야기가 10년이 넘도록 떠돌았고, 그의 이야기가 한문 소설『홍경래전』으로 지어지기도 했지. 이렇게 홍경래는 백성들 마음속에 영원히 살아 있는 인물로 남게 되었단다.

키워드 20　**서학과 동학**

새로운 종교와 학문에 눈뜨다

조선에 천주교가 처음 소개된 것은 16세기 말이었어. 17세기를 지나면서 천주교는 서양의 과학, 기술과 함께 수용되어 서양의 학문, 곧 '서학'이라 불리며 퍼져 나갔지. 서학이 널리 퍼져 나가자 위기의식을 느낀 최제우는 서학에 대응하여 우리 것을 지키자는 뜻에서 동학을 창시한단다. 유교의 나라 조선에서 서학과 동학은 어떻게 퍼져 나가게 되었을까?

【천주교를 학문으로 받아들이다】

천주교는 명나라에 다녀온 조선의 사신들이 서양의 자연 과학 서적과 천주교 관련 서적을 얻어 오면서 조선에 전해졌어. 이들은 천주교를 종교라기보다는 서양 학문의 하나로 받아들여 '서학(西學)'이라 불렀지.

17세기에 서학에 관심을 기울인 대표적인 인물은 이수광, 허균, 소현 세자였어. 허균은 명나라에 사신으로 갔다가 천주교 서적을 가져왔고, 이수광은 명나라에서 이탈리아 출신 선교사 마테오 리치가 쓴 천주교 교리서인 『천주실의』를 접하고 귀국 후 『지봉유설』에 이 책을 소개하기도 했어. 소현 세자는 청나라 수도 북경에 있을 때 천주교 서적과 서양의 과학 기구에 큰 감

『**천주실의**』 마테오 리치가 쓴 천주교 교리서를 한글로 옮긴 책이다. 조선에 천주교가 퍼지는 데 중요한 역할을 했다.

명을 받아 이를 조선에 가지고 왔지만 크게 환영받지는 못했지.

하지만 18세기 후반 정조 대에 이르러 서양의 과학 기술 중 우수한 것은 받아들이자는 분위기가 만들어지면서 양반들 사이에서 서학에 대한 관심이 커졌어. 그러다 보니 『천주실의』를 읽지 않은 선비가 없을 정도로 천주교 서적을 읽는 일이 유행처럼 번지기도 했단다.

그런데 시간이 지나면서 학문으로만 여기던 천주교를 종교로 받아들이는 사람들이 나타났어. 1784년에는 이승훈이 청나라 북경에서 조선 사람으로는 처음으로 서양인 신부에게 세례를 받았지. 이승훈의 세례명은 베드로였어. 베드로는 우리말로 '반석'이라는 뜻인데, 조선 천주교회의 주춧돌이 되라는 뜻에서 받은 이름이란다. 성서와 성화, 묵주 등을 가지고 조선에 돌아온 이승훈은 이벽, 권철신, 권일신, 김범우 등에게 영세를 주고, 오늘날 명동 성당 자리에 있던 김범우의 집에서 종교 모임을 열기 시작했어. 이것이 바로 우리나라 최초의 천주교회 모습이었단다.

【 조선 정부, 천주교를 탄압하다 】

천주교는 처음에 정치적으로 세력을 잃은 남인과 몰락한 양반, 중인들이 주로 믿었지만, 점차 평민과 여성들에게 많이 퍼져 나갔어. "모든 사람은 하느님 앞에 평등하다."는 천주교의 교리는 온갖 차별과 핍박을 받아 온 힘없는 백성들에게 한 줄기 빛과 같았지.

그런데 천주교 신자들이 점점 늘어나자 정부에서 천주교를 금지하기 시작했어. 천주교가 유교의 제사 의식을 따르지 않는 사악한 종교라는 것이 이유였어. 또 천주교에서 내세우는 평등사상이 양반과 상민을 엄격히 구분하는 유교적 신분 질서를 부정하는 것이므로 조선의 사회 질서를 크게 해칠 수 있다고 보았기 때문이야. 실제로 정조 때는 양반 출신 천주교 신자인 윤지충이 어머니가 돌아가셨는데 제사도 지내지 않고 위패를 불태웠다 하여 처형당하기도 했단다.

천주교 탄압은 정조가 죽고 순조 때 정순 왕후가 수렴청정을 하면서 본격적으로 시작되었어. 정순 왕후와 노론 세력은 남인을 제거할 목적으로 많은 천주교도를 잡아 죽이는 신유박해를 일으켰지. 그 뒤로도 1815년의 을해박해, 1827년의 정해박해, 1839년의 기해박해 등의 탄압을 받아 수많은 천주교 신자들이 죽음을 당했어.

그러나 갖은 탄압 속에서도 1845년에는 김대건이 조선 최초의 신부가 되어 천주교를 꾸준히 전파해 나갔어. 흥선 대원군이 집권하던 시기에는 천주교에 대한 대대적인 탄압이 무려 6년 동안이나 이어져 프랑스 선교사 9명을 비롯해

김대건 신부 초상화

절두산 순교 성지 1866년, 흥선 대원군의 대대적인 천주교 탄압으로 수많은 천주교인들이 죽은 곳이다. 지금은 이 자리에 절두산 순교 박물관이 세워져 있다. 서울시 마포구 합정동의 한강 변에 있다.

8천여 명이나 되는 천주교 신자가 죽기도 했지만, 천주교는 꾸준히 번져 나가 19세기 말에는 신자가 3만 명에 이르게 된단다.

천주교에 대한 탄압은 1886년 프랑스와 맺은 통상 조약을 계기로 차츰 약해졌어. 프랑스와 조약을 맺으면서 조선 정부가 천주교의 선교 활동을 인정했기 때문이지. 이승훈이 세례를 받은 지 100여 년 만에 비로소 천주교가 조선 땅에 뿌리를 내린 거야.

최제우, 서학에 맞서 동학을 창시하다

천주교가 전국으로 퍼져 나가던 무렵, 경상도를 중심으로 새로운 종교가 생겨났어. 바로 최제우가 창시한 '동학'이란다.

최제우는 경상도 경주에서 태어났어. 그의 집안은 원래 양반 가문이었지만, 몇 대째 벼슬자리를 얻지 못해 일반 백성들과 다름없이 살았지. 더욱이 최제우는 어머니가 재혼을 해서 낳은 아들이라 서자나 마찬가지였어. 최제우는 경주에서 명망이 높은 선비인 아버지의 영향을 받아 어릴 때부터 성리학을 공부했어. 하지만 열일곱 살에 아버지가 돌아가시고 집안이 더욱 기울자 출세의 뜻을 접고 공부를 그만두었지. 그러고는 장사도 하고, 서당 훈장 노릇도 하고, 무술을 연마하기도 하고, 점을 치고 병을 고치는 잡술 등을 하면서 10여 년 동안 정처 없이 떠돌아다녔단다.

최제우가 세상을 떠돌아다니면서 보니 백성들의 삶이 말이 아니었어. 오랜 세도 정치로 나라의 기강이 무너진 틈을 타서 관리들은 부정부패를 일삼고, 백성들은 탐관오리의 수탈과 횡포에 시달리며 하루하루 고통스럽게 살고 있었지. 그런 가운데 모든 인간은 평등하며, 착하게 살면 누구나 천국에 간다는 천주교가 가난한 백성들에게 큰 호응을 받으며 점점 더 파고들고 있었단다.

최제우는 서양에서 들어온 천주교로는 어지럽고 잘못된 세상을 구제할 수 없다고 보았어. 그는 조상 숭배를 거부하고 제사도 지내지 않는 천주교와 당시 조선 근해에 자주 나타나 조선을 위협하는 서양 세력에 위기의식을 느끼고 어떻게 하면 세상을 바꾸고 백성을 구제할 수 있을지 고민했어.

최제우는 그 답을 얻기 위해 경상도 양산 부근의 천성산과 경주 구미산 등에서 기도하며 수도에 전념했어. 그리고 마침내 1860년 4월 5일, 최제우는 갑자기 몸이 떨리고 정신이 아득해지면서 한울님의 계시를 받았다고 해.

최제우는 한울님의 가르침을 체계적으로 정

최제우 초상화

용담정 최제우가 수도하다가 깨달음을 얻어 동학을 창시한 곳이다. 경주 구미산 아래에 있다.

리하여 동학이라 이름 붙였어. 동학은 서학에 맞선 우리의 것으로, 조선뿐 아니라 동양 고유의 학문이자 종교라는 뜻을 담고 있단다.

최제우는 "사람이 곧 하늘이다."라는 인내천 사상과 지금의 세상은 운이 다해 망하고 새 세상이 열린다는 후천 개벽 사상을 중심으로 동학을 창시했어. 동학은 우리의 전통적인 민간 신앙은 물론 유교, 불교, 도교의 장점을 모으고 일부 천주교 교리까지 수용한 학문이자 사상이며 종교였어.

동학은 죽은 뒤의 세상을 중시하는 여느 종교와는 달리 현세의 삶을 중시했어. 최제우는 세상이 어지러워지면 사람들은 자기만을 위하게 되는데, 동학을 믿으면 이기적인 마음을 이겨 내고 서로 한 몸이 되는 새로운 세상을 맞을 수 있을 거라고 했어. 동학에서 꿈꾸는 새로운 세상은 나라를 보호하고 백성을 편안하게 하며(보국안민), 널리 백성을 구제하고(광제창생), 온 세상에 덕을 베푸는(포덕천하) 세상이었어.

이런 세상은 누구보다 조선의 백성들이 원하는 세상이었어. 그런 만큼 동학은 백성들에게 큰 위로가 되었지. 동학은 농민층이 많았던 충청도·전라도·경상도 등 삼남 지방을 중심으로 빠르게 퍼져 나갔단다.

【우리 힘으로 세상을 바꾸자】

동학을 믿는 백성들이 점점 늘어나자 동학 지도층에서는 각 지역마다 접소(집회소)를 두고 접주를 뽑아 교도들을 관리하게 했어. 동학이 생겨난 지 3년 만에 경주, 대구, 울산 등 전국에 접소가 14곳이나 생기고 교도의 수도 3천여 명에 이르렀어. 새로운 세상을 원하는 백성들이 그만큼 많았던 거야.

동학의 교세가 커지는 것에 놀란 조선 정부는 이를 저지하려고 애썼어. 조선 정부 처지에서 볼 때 동학의 중심 사상인 인내천 사상은 결코 받아들일 수 없는 것이었지. '사람이 곧 하늘'이라는 말은 양반이나 천민, 남자와 여자 가릴 것 없이 모두가 평등하다는 것을 말해. 그래서 동학에서는 "사람 섬기기를 하느님 섬기듯이 하라."고 가르쳤어. 이는 조선의 유교적 신분 질서를 정면으로 거부한 것이었지. 후천 개벽 사상 또한 당시의 조선 왕조 체제를 부정하는 것과 다름없었어. 조선 정부는 동학이 더 널리 퍼지는 것을 막기 위해 교주인 최제우를 세상을 어지럽히고 백성을 속인다는 죄목으로 잡아들여 처형했단다.

하지만 조선 정부가 최제우를 처형하고 동학을 탄압해도 동학의 교세는 수그러들지 않았어. 최제우의 뒤를 이어 2대 교주가 된 최시형이 경상도와 강원도, 충청도의 산간 마을로 숨어 다니며 흩어진 동학 교도를 다시 모아 동학 모임을 계속 이끌어 갔지. 그리하여 동학은 충청도와 경기도까지 교세가 늘어나 접소와 접주의 수를 늘리고, 접주를 통솔하는 대접주까지 두었단다.

교단을 새롭게 정비한 최시형은 최제우의 가르침이 담긴 『동경대전』과 『용담유사』 등을 간행하고 동학의 교리를 더욱 가다듬어 나갔어.

동학 교단에서는 교세를 키우는 동시에 동학의 창시자인 최제우의 억울함을 풀어 줄 것과 동학을 정식 종교로 인정해 줄 것을 요구하는 운동을 펼쳤어. 그렇지만 정부에서는 이들의 청을 받아들이기는커녕 상소를 올린 자들을 찾아내 벌주었어.

정부의 태도에 실망한 동학 교단에서는 대규모 대중 집회를 열었어. 충청도 보은에서만 2만여 명의 교도가 모였고 곧이어 전라도 원평, 경상도 밀양에서도 큰 집회가 열렸어. 이때 열린 집회에서는 최제우의 억울함을 풀어 달라는 요구뿐 아니라 포악한 관리에게 벌을 줄 것과 외세를 배척해야 한다는 요구도 나왔어. 곧 동학은 단순한 종교 운동이 아니라 농민들 처지에서 사회 개혁을 주장하는 정치적 운동이기도 했던 거란다. 이는 1894년 녹두 장군 전봉준을 중심으로 일어난 동학 농민 운동에 큰 영향을 주게 돼.

동학은 1905년 '천도교'로 이름을 바꾸고, 1907년에는 드디어 정식 종교로 인정받았단다.

천도교 중앙대교당 동학의 3대 교주인 손병희가 1905년 동학을 천도교로 바꾼 뒤, 1918년 천도교인들의 성금을 모아 지었다. 서울시 종로구 경운동에 있다.

키워드 21　**대동여지도**

조선 지도의 결정판

1995년 12월, 국립중앙박물관 수장고(유물을 보관하는 곳)에서 『대동여지도』의 목판본이 발견되었어. 이 목판본이 나오기 전까지 김정호는 지도를 만들어 국방을 위태롭게 했다는 죄로 감옥에 갇혀 죽고, 목판은 압수당해 불태워졌다고 알려져 있었어. 또 김정호가 『대동여지도』를 만들기 위해 백두산을 여덟 차례나 오르고 전국을 세 차례나 답사했다는 등의 이야기도 있었단다. 하지만 이것은 사실과 달라. 그렇다면 김정호는 어떻게 『대동여지도』를 만들었을까?

【 김정호를 둘러싼 오해와 진실 】

김정호는 조선 시대를 통틀어 우리나라에서 으뜸가는 지도 제작자이자 지리학자였어. 지도가 뛰어나다는 점뿐만 아니라 만든 양에서도 따라올 사람이 없었지. 김정호는 조선 시대 최고의 지도로 평가받는 『대동여지도』 말고도 『청구도』, 『동여도』 같은 전국 지도와 「수선전도」 등의 한양 지도를 비롯해서 『동여도지』, 『여도비지』, 『대동지지』 같은 지리지를 남겼단다. 지리지는 한 지역의 지리, 역사, 산업, 풍습, 특산물, 인구 등 지역 정보를 정리해 놓은 지리책이야. 김정호는 지도와 지지를 뗄 수 없는 관계로 생각해 지도와 지리지를 함께 편찬했어.

　하지만 김정호가 남긴 업적에 견주어 그에 관해서는 알려진 게 별로 없어. 김정호에 관한 기록이 거의 없기 때문에 그가 언제 어디서 태어나고 죽었는지, 어떻게 살았는지 정확히 알 수가 없단다. 다만 김정호의 작품이 만들어진 연도에 비추어 1800년께 황해도 토산에서 태어나 1860년대 중반까

『청구도』 김정호가 1834년에 처음 만든 전국 지도로, 2권으로 구성되어 있다. 보물 1594호.

「수선전도」 1825년 무렵 김정호가 목판으로 제작한 한양 지도이다.

『동여도』 중 한양과 인근 지역 김정호가 1857년에 그린 전국 채색 지도로 『대동여지도』와 함께 김정호의 대표작으로 꼽힌다. 『대동여지도』의 밑바탕이 된 지도이다. 보물 1358호.

나라 안팎의 변화에 대처하다

지 활동했고, 한양 도성 근처에서 살았다고 추정할 뿐이야. 그리고 김정호의 신분에 대해서는 지도 제작에 필요한 그의 지식으로 미루어 볼 때 중인 신분이었을 거라 추측하고 있어.

김정호에 관해 가장 자세하게 기록한 책은 중인 출신 유재건이 쓴 『이향견문록』이란다.

> 김정호는 호를 고산자라 하였는데 본래 기교한 재주가 있고, 특히 지도학에 깊은 취미가 있었다. 그는 두루 찾아보고 널리 수집하여 일찍이 「지구도」를 제작하고 또 『대동여지도』를 만들었는데, 자신이 그림을 그리고 새겨서 인쇄해 세상에 펴냈다. 그 상세하고 정밀함은 예부터 지금까지 그 짝을 찾을 수 없다. 내가 한 질을 구해 보았더니 진실로 보배로 삼을 만한 것이었다. 그는 또한 『동국여지고』 10권을 편찬했는데, 원고를 완성하기 전에 세상을 떠났으니 정말 애석한 일이다.

이처럼 남아 있는 기록이 별로 없다 보니 김정호에 대해 잘못 알려진 사실이 더 많아. 김정호가 『대동여지도』를 만들기 위해 백두산을 여덟 차례나 오르고 전국을 세 차례나 답사했으며, 지도를 만들어 국방을 위태롭게 했다는 죄로 감옥에 갇혀 죽고, 또 흥선 대원군이 『대동여지도』의 목판을 압수해 불살랐다는 이야기 등은 모두 잘못 알려진 사실이야. 이런 내용은 1934년 일제 강점기의 초등학교 교과서인 『조선어독본』에 「김정호전」이 실리면서 널리 퍼졌고, 지금도 사실로 알고 있는 사람이 많단다.

먼저, 김정호가 예전 지도가 정확하지 않아 크게 실망하고 정확한 지도를 만들기 위해 백두산을 여덟 번이나 오르고 전국을 세 번이나 돌았다는 이야기는 어떤 역사 자료에서도 찾아볼 수가 없어. 『대동여지도』는 전국을 직접 답사하고 측량해서 만든 게 아니라, 이전 지도들의 성과와 제작 기술을 집대성해서 만든 지도야. 교통이 그리 발달하지 않았던 시대에, 그것도 경제적으로 형편이 넉넉하지 않은 중인 신분의 김정호가 전국을 세 차례나 돌기는 힘들었을 거라고 본단다.

다음으로, 김정호가 『대동여지도』를 만들어 국가 기밀을 누설한 죄로 감옥에 갇혔다면, 김정호를 도와주었던 실학자 최한기, 무관 신헌 같은 사람들도 함께 처벌받았어야 하는데 그렇지 않았어.

마지막으로, 『대동여지도』를 찍어 낸 실제 목판도 전부는 아니지만 숭실 대학교 박물관에 1매와 국립중앙박물관에 11매가 불에 타지 않은 채 온전히 남아 있으니, 흥선 대원군이 목판을 불살랐다는 얘기도 사실이 아니지.

그렇다면 일본은 왜 이와 같은 내용을 교과서에 실은 걸까? 그것은 일본이 김정호라는 한 개인의 위대함을 부각함으로써 조선 시대부터 계속 발전해 온 우리나라의 지도 제작 성과를 무시하고, 또 김정호 같은 위대한 지도 제작자를 탄압한 우매한 지배층 때문에 조선은 일본의 지배를 받을 수밖에

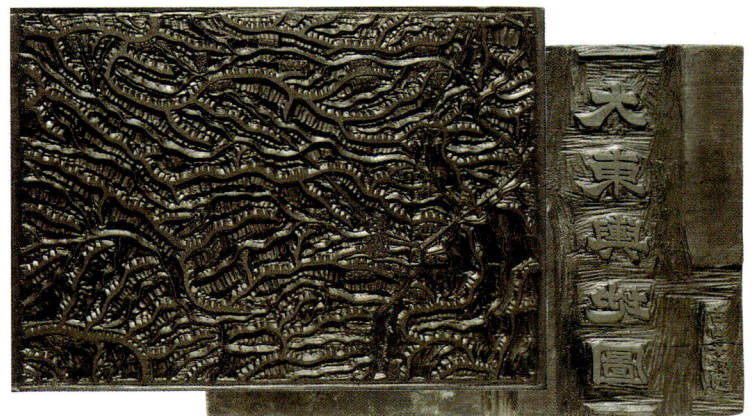

『대동여지도』 표지

『대동여지도』를 찍어 낸 목판(보물 1581호) 김정호가 『대동여지도』를 인쇄하기 위해 제작한 목판으로, 모두 60여 매로 이루어져 있다. 그중 숭실대학교 박물관에 1매, 국립중앙박물관에 11매가 남아 있다.

없다는 인식을 심어 주기 위해 거짓으로 꾸며 낸 것으로 보여.

『대동여지도』를 낳은 조선의 옛 지도들

조선 후기에 지도를 만드는 사람은 크게 세 부류였어. 임금의 명을 받은 관리, 지리를 연구하는 실학자, 그리고 중인들이었지. 이 가운데 중인들은 관리나 실학자가 만든 지도를 베껴 그리는 일을 주로 했단다.

김정호는 중인 출신이지만 스스로 지리학을 연구해서 독자적으로 지도와 지리지를 만들었어. 김정호가 살았던 시기에는 국가뿐 아니라 민간에서도 지도를 제작하고 있었어. 이제 국가나 소수의 양반뿐만 아니라 더 많은 사람들이 우리나라 지리에 관한 지식을 얻기를 원했던 거야. 김정호는 이런 흐름을 타고 자신의 재능과 끊임없는 노력으로 『대동여지도』를 만들 수 있었단다.

그런데 『대동여지도』는 어느 날 갑자기 만들어진 것이 아니야. 김정호는 지도를 그리는 데 바탕이 되는 수많은 지리 정보와 국가나 민간에서 만든 훌륭한 지도들을 많이 모아 놓았단다. 또 무관인 신헌이 비변사나 규장각에 소장된 중요한 자료를 빌려다 주어 중인으로서는 접하기 힘든 지도와 지리지를 참고할 수 있었지. 이러한 지도 제작 성과가 없었다면 『대동여지도』는 만들어질 수 없었을 거야.

그럼 『대동여지도』 이전에 만들어진 중요한 지도들을 한번 살펴볼까?

먼저 16세기 명종 때 「조선방역지도」가 제작되었어. 우리나라 전체를 그렸고, 해안선을 비롯해 산줄기와 물줄기를 자세하게 표현했지. 정묘호란과 병자호란을 겪은 17세기 이후에는 국경 지역에 관한 더욱 정확한 정보가 필요해지면서 점차 군사 지도들이 제작되었는데, 남구만의 「함경도지도」가 대표적이야.

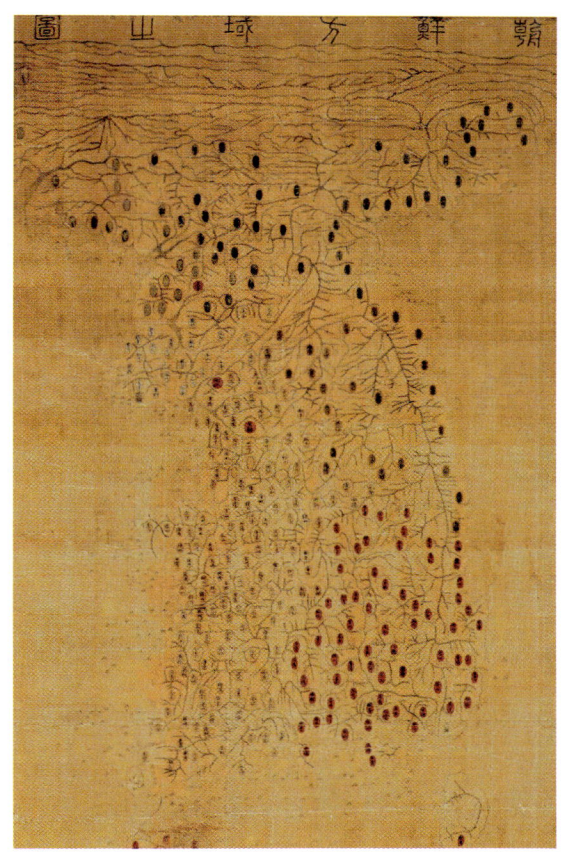

「조선방역지도」 전국에서 올라오는 진상품을 관할하는 제용감에서 1557년께 제작한 지도이다. 북쪽의 경계를 정확하게 표현하지 못한 점을 빼고는 해안선, 산과 강의 경계를 정확하게 표시했다. 국보 248호.

「동국지도」 정상기가 백리척이라는 축척 단위를 사용해 만든 「동국지도」 중 함경북도 부분이다. 「동국지도」는 김정호의 『대동여지도』가 나오기 전까지 가장 많이 사용한 지도이다.

    영조 때인 18세기에는 정상기와 그의 아들 정항령이 「동국지도」를 제작했어. 「동국지도」는 『대동여지도』가 만들어지기 100년 전에 현재의 한반도 모습과 거의 비슷하게 그린 첫 번째 지도였어. 무엇보다 중요한 것은 정상기가 백리척이라는 축척 단위를 사용한 점이야. 축척은 땅의 실제 거리를 일정한 비율로 줄인 것인데, 백리척이란 지도에 표시한 1척(약 9.8센티미터) 길이의 막대가 실제 거리로는 100리에 해당한다는 뜻이야. 현대의 막대 기호식 축척과 같은 셈이지.

김정호는 바로 이렇게 이전 시대에 만들어진 지도를 참고하여 오랜 연구 끝에 1861년 『대동여지도』를 완성했단다.

【누구나 볼 수 있는 편리한 지도를 위해】

『대동여지도』가 김정호의 작품이라는 것은 누구나 알고 있는 사실이야. 하지만 아직도 많은 사람들이 『대동여지도』를 한 장짜리 '지도'로만 알고 있을 뿐, 접으면 22권의 책이 된다는 사실을 아는 사람은 드물어.

『대동여지도』는 우리나라에 남아 있는 전국 지도 중에서 가장 큰 지도란다. 세로 6.7미터, 가로 3.8미터에 이르는 크기라 실물을 본 사람은 그 엄청난 크기에 압도당하고 말 거야. 아파트 3층쯤에 걸어 두어야 전체가 다 보일 정도거든.

그래서 실제 『대동여지도』는 가로 20센티미터, 세로 30센티미터의 종이를 길게 이어 붙여 병풍이나 아코디언처럼 접으면 한 권의 책이 되게 하여 모두 22권으로 만들었어. 22권을 모두 펼쳐 이으면 전국 지도가 되도록 말이야.

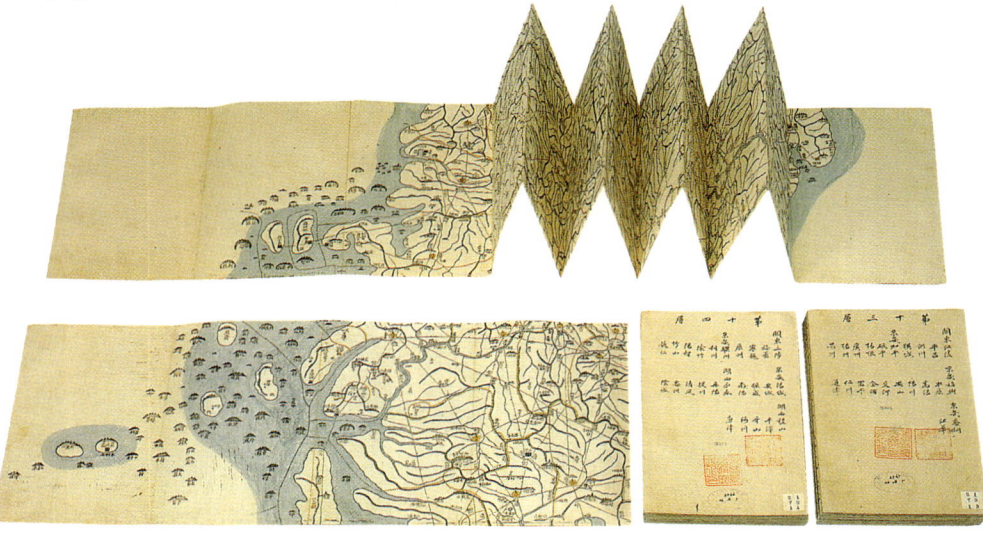

『대동여지도』 지도첩 『대동여지도』는 목판으로 만들었기 때문에 대량으로 찍어 낼 수 있었다. 『대동여지도』를 인쇄한 뒤 채색한 지도첩이다.

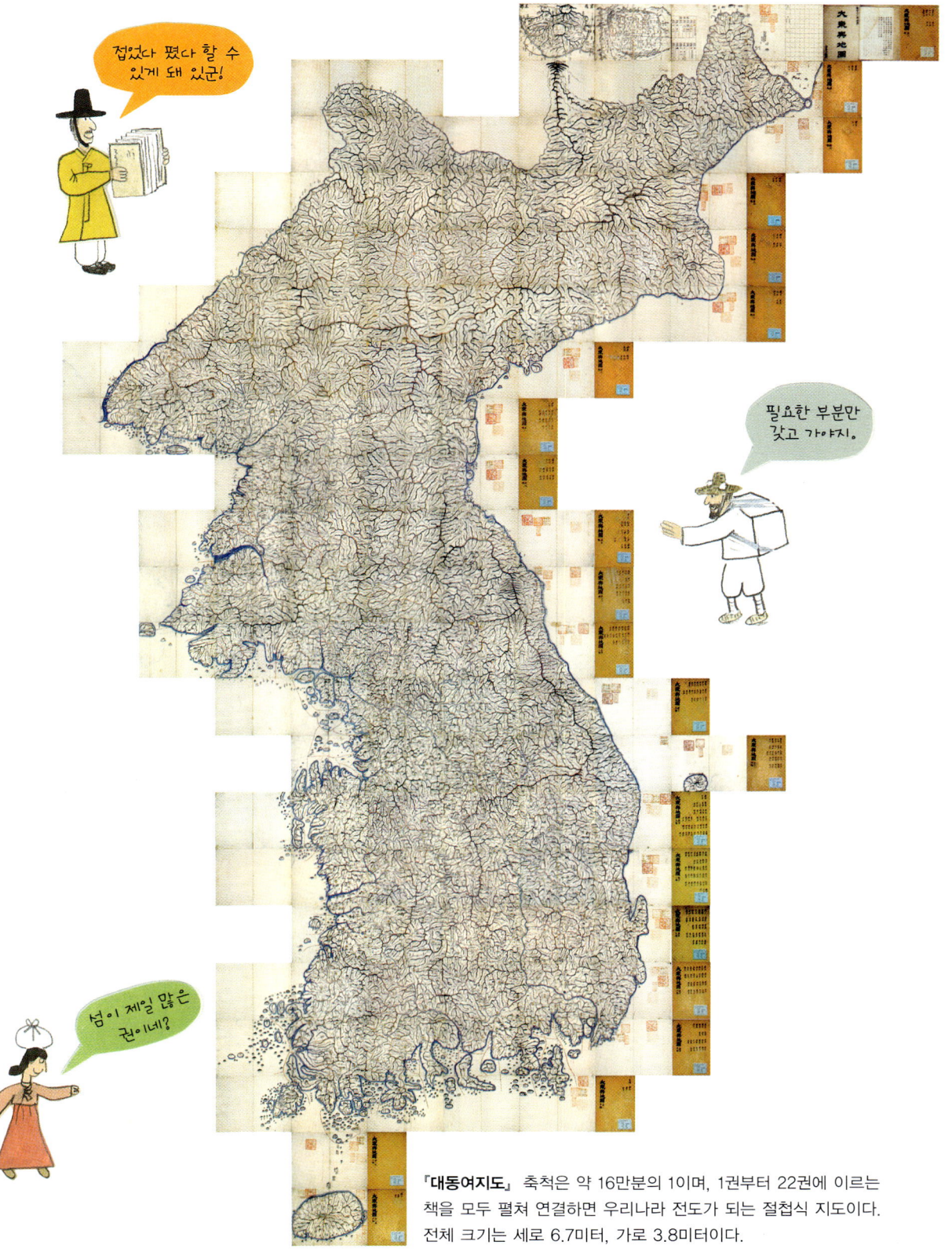

『대동여지도』 축척은 약 16만분의 1이며, 1권부터 22권에 이르는 책을 모두 펼쳐 연결하면 우리나라 전도가 되는 절첩식 지도이다. 전체 크기는 세로 6.7미터, 가로 3.8미터이다.

책의 첫 권을 좌우로 펼치면 지도의 맨 위층이 만들어져. 그리고 두 번째 권을 펼쳐서 그 아래에 붙이지. 그렇게 한 권씩 위에서 아래로 책을 모두 펼치면 우리나라 전도가 되는 거야. 이것을 절첩식(접었다 폈다 할 수 있는 책자의 형식) 지도라고 해.

이렇게 만든 이유는 무엇보다 사람들이 가지고 다니면서 편리하게 보도록 하기 위해서였어. 지도가 작으면 휴대하기에는 편리했지만 내용이 상세하지 못했지. 반대로 내용이 자세하면 크기가 너무 커지기 때문에 제대로 펴서 볼 수조차 없었어. 『대동여지도』는 정밀하고 정확한 점에서도 뛰어나지만, 엄청나게 큰 지도인데도 보관하기 편하고 필요한 부분만 편하게 가지고 다닐 수 있도록 만들었다는 점에서도 뛰어나지.

『대동여지도』를 목판으로 만든 것도 더 많은 사람들이 정확한 지도를 볼 수 있도록 하기 위해서였어. 지도를 손으로 베껴 그리다 보면 잘못 옮길 수도 있고, 또 많이 만들기도 힘들지. 하지만 『대동여지도』는 목판으로 만들었기 때문에 필요한 만큼 얼마든지 찍어 낼 수 있었어.

『대동여지도』를 자세히 살펴보면 맨 꼭대기 백두산부터 힘찬 산줄기가 전 국토로 뻗어 있고, 산줄기 사이에는 물줄기가 동맥과 실핏줄처럼 퍼져 있어. 높은 산줄기는 굵게, 낮은 산줄기는 가늘게 표현했지. 물줄기도 배가 다닐 수 있는 곳은 두 줄로 그렸고, 그러지 못하는 작은 물줄기는 한 줄로 그렸어. 그리고 도로는 직선으로 표현되어 있는데, 10리마다 점이 찍혀서 지역 사이의 거리를 쉽게 알 수 있단다.

또한 지금의 범례에 해당하는 지도표를 만들어 많은 정보를 효과적으로 담아 놓았어. 역참, 창고, 관아, 봉수대, 목장, 진보(군사 기지), 읍치(관아가 있는 곳), 성, 온천, 도로 등 지역의 지리 정보를 기호로 표현해 지도를 훨씬 쉽게 볼 수 있게 한 거야.

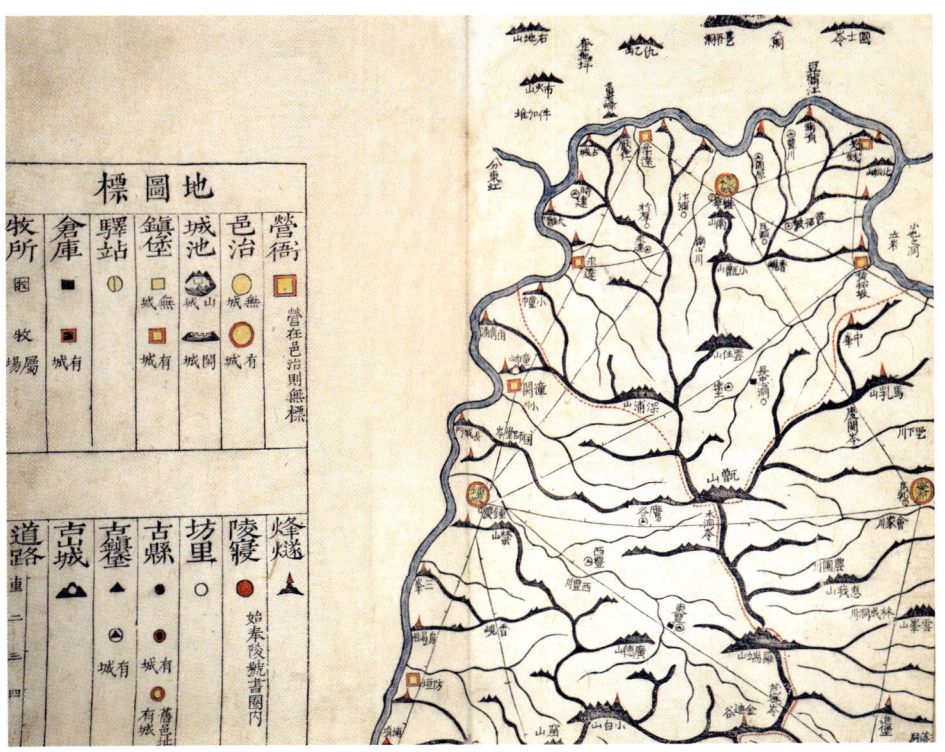

『대동여지도』의 지도표 역참, 창고, 진보, 관아 등 14개 항목을 기호로 표현해 지도를 보기 쉽게 했다.

 김정호는 1861년에 『대동여지도』 초간본을 인쇄한 뒤에도 잘못된 점이 발견될 때마다 수정하여 1864년에 재간본을 펴냈어. 더 완벽한 지도를 만들기 위해 끊임없이 노력한 거야.
 김정호는 진정한 지도 제작자이자 지리학자였어. 김정호 덕분에 우리는 150년 전 조선의 국토 곳곳의 모습을 『대동여지도』 속에서 생생하게 살펴볼 수 있단다.

키워드 22　　**진주 농민 봉기**

백성의 힘을 보여 주고 뜻을 이루자!

세도 정치로 인한 삼정의 문란은 홍경래의 난 이후에도 전혀 고쳐질 기미가 없었어. 나라를 다스리는 관리들은 해이해진 정치 기강을 틈타 점점 더 자기 배를 불리느라 바빴지. 백성들은 삼정의 문란과 탐관오리의 횡포 때문에 살기가 더 힘들어졌어. 글을 써서 관아에 항의하는 방법으로는 문제를 해결할 수 없다고 판단한 진주 농민들은 탐관오리와 직접 맞서 싸우기로 했어. 농민 봉기를 일으킨 거야.

【 경상 우도의 대읍, 진주 】

진주는 예부터 경상 우도(경상도 낙동강 서쪽 지역)의 여러 고을 가운데 으뜸가는 중심 고을이었어. 주변의 작은 고을을 거느린 정치·군사·문화의 중심지였지. 지리산 주변에 자리 잡은 진주는 토지가 기름져서 농사가 잘되었어. 그런 만큼 농민들의 살림살이도 비교적 넉넉했지. 그런데 이런 진주에서조차 농민 봉기가 일어나기 직전에 이르면 전체 1만 5천여 호 가운데 3,300여 호가 무거운 세금을 견디다 못해 다른 곳으로 떠나 사는 지경이 된단다.

진주는 읍의 규모가 큰 데다 경상 우도의 병력을 총괄하는 우병영이 있는 곳이어서 어느 지방보다 세금 부담이 컸어. 그 가운데서도 특히 환곡의 부담이 가장 컸지. 환곡은 흉년이 들거나 양식이 떨어지는 봄철에 농민에게 곡식을 빌려 주고 나중에 원곡과 함께 얼마간의 이자를 받는 제도야. 그런데 관아의 수령과 그 밑에서 일하는 이방, 호방 등 아전들이 환곡을 몰래 빼

돌린 뒤 농민들에게 빌려 준 것처럼 거짓으로 꾸미는 등 부정부패를 많이 저질렀어. 이렇게 장부상에만 적혀 있는 환곡은 고을 사람들이 모두 함께 갚아야 할 빚이 되어 버렸어.

【 이제 더는 참을 수 없다! 】

진주의 백성들도 가만히 있지는 않았어. 처음에는 여러 사람이 뜻을 모아 진정서를 써서 관아에 호소했어. 그러나 문제가 고쳐지지 않자 감영 같은 더 높은 관청까지 가서 문제를 알리고 해결책을 내려 달라고 호소했지. 그래도 문제가 해결되지 않자 한양에 집단으로 올라가 비변사에 호소하기도 했어.

그런데 나라에서는 어느 고을에 문제가 생기면 관련된 자들을 처벌하기만 할 뿐 실질적인 대책은 마련해 주지 않았어. 여전히 세금은 고스란히 농

진주 진주는 조선 시대에 경상 우도에서 가장 큰 도시였다. 진주성과 진주목 관아 일대를 그린 옛 지도이다.

민들 몫이었지.

1861년 겨울, 진주 목사로 새로 부임한 홍병원이 진주목 관아의 환곡 실태를 조사해 보니, 장부에는 4만여 석의 환곡이 적혀 있는데 창고에는 쌀이 한 톨도 남아 있지 않았어. 이전 목사와 아전들이 중간에서 떼어먹은 거야. 홍병원은 이전의 목사들과 마찬가지로 부족한 환곡을 채우기 위해 농민들에게 무려 10만 냥이나 되는 세금을 거두기로 했어. 농민들은 진주목과 감영에 부당함을 호소했지만 아무 소용이 없었지.

그런 와중에 경상 우병사 백낙신까지 자기가 떼어먹은 우병영 환곡 부족분 6만 냥을 집집마다 나누어 물리려고 했어. 백낙신은 무기 구입 예산 3,800냥으로 쌀 1,200여 가마를 구입해서 농민들에게 강제로 빌려 주고 이자 7천 냥을 챙기는 등 갖가지 방법으로 재산을 불리는 탐관오리로 이름난 관리였어. 전라 좌수사로 근무할 때도 부정부패 때문에 처벌받은 적이 있는데, 경상 우병사로 부임해 와서도 여전히 아전들과 결탁해 비리를 저지른 거야.

백낙신의 수탈과 횡포에 농민들은 더는 참을 수가 없었어. 1862년 2월, 분노한 농민들은 마침내 "탐관오리들이 훔쳐 먹은 환곡을 백성들에게서 거두지 말라!"고 외치며 들고일어났단다.

【 몰락 양반과 나무꾼패가 앞장서다 】

농민 봉기에 앞장선 사람은 몰락한 양반인 유계춘이었어. 양반이지만 농사 지을 땅이 한 뙈기도 없어 농민들과 처지가 다를 게 없었지. 그는 환곡의 폐단을 고쳐 달라는 진정서를 여러 차례 내면서 농민들의 여론을 이끌기도 한 사람이었어.

유계춘은 홍문관 교리를 지냈던 전직 관리 이명윤 등과 논의하여 집회를 준비하다가 이명윤이 불법 시위를 강하게 반대하자, 결국 초군(나무꾼패)의 우두머리인 이계열과 초군을 동원하여 봉기를 일으키기로 했어.

　초군은 '산에 오르면 나무꾼이요, 들에 나가면 농부'라고 하듯이 가난한 농민들이었어. 초군은 대개 20~30명 단위로 산을 다니며 나무를 해 날랐기 때문에 협동심과 조직력이 강했고 대부분 건장한 청년들이었어. 이들은 건장한 체력과 탄탄한 조직력으로 농민 봉기의 핵심 세력을 이루었단다.

　2월 14일, 머리에 흰 수건을 두르고 몽둥이로 무장한 농민들은 여러 마을을 돌며 농민들을 봉기 대열로 끌어들여 세를 모았어. 농민군은 덕산 장터를 장악하고, 부당한 세금 징수에 찬성한 훈장 이윤서의 집을 부수었어. 평소 부당하게 세금을 거두며 농민들을 수탈하던 아전들을 잡아 죽이는가 하면 악질 양반들의 집을 불태웠지.

　2월 18일, 농민군은 진주목 관아로 몰려갔어. 겁에 질린 진주 목사는 부당한 세금을 걷지 않겠다는 약속을 문서로 써 주었어. 사기가 오른 농민군

은 이제 우병영이 있는 진주성으로 향했어. 우병영으로 가는 길목마다 부당하게 세금을 거둔 아전들의 집을 부수고 불태웠지.

이튿날 아침, 농민군이 우병영과 가까운 읍내 장터에 모여 있다는 소식을 들은 경상 우병사 백낙신은 농민군을 달래 해산시켜야겠다고 생각하고 읍내 장터로 나왔어. 백낙신을 발견한 농민군은 그를 겹겹이 에워싸고, 그동안 백낙신이 환곡을 떼어먹은 일, 농민들이 개간한 땅에 강제로 세금을 물렸던 일, 무기 구입 예산으로 고리대업을 해서 이자를 챙겨 먹은 일 등을 낱낱이 따져 물었어.

백낙신은 위기를 벗어나기 위해 농민들이 벼르고 있던 포리 김희순을 희생양으로 삼았어. 농민들 앞에서 김희순에게 곤장을 때려 죽인 거야. 백낙신의 만행에 화가 난 농민군은 밤새도록 그를 포위하고, 김희순보다 더 악명 높은 이방 김준범을 잡아다가 곤장을 때린 뒤 불 속에 던져 버렸어. 이어 진주목 관아의 이방 김윤두도 찾아내 처단했단다.

농민군은 백낙신에게서 앞으로 부당한 세금은 절대 거두지 않겠다는 약속을 받고 풀어 주었어. 그 뒤에도 농민군은 그동안 농민들을 괴롭히던 지주들과 부유한 농민들의 집을 부수고 재물을 빼앗았어.

진주에서 농민들이 들고일어났다는 소식은 순식간에 이웃 고을로 퍼져 나가 경상도, 전라도, 충청도에서도 농민 봉기가 일어났어. 농민 봉기는 마른 들판에 불이 번져 나가듯 1862년 한 해에만 모두 70여 곳에서 일어났단다. 모든 고을 백성들의 형편과 불만이 진주 백성들 못지않았던 거야.

【 삼정이정청, 지키지 않은 약속 】

농민 봉기가 전국으로 번져 나가자 위기감을 느낀 정부는 '탐관오리만 처벌하면 난이 가라앉을 것'이라는 생각을 바꿀 수밖에 없었어. 그래서 고을

마다 안핵사와 암행어사를 파견해 사태를 조사하고 봉기를 진정시키는 한편, 봉기를 주도한 사람을 처형하고 가담자들을 가혹하게 처벌했어. 하지만 거세게 불타오른 봉기는 쉽사리 수그러들지 않았지.

진주로 파견된 안핵사 박규수는 농민 봉기의 원인이 삼정 문란에 있다고 파악하고 이를 해결하기 위한 특별 기구를 만들 것을 건의했어. 이에 따라 정부는 삼정이정청이라는 관청을 설치하고 삼정의 잘못을 바로잡겠다고 나섰단다.

그러나 삼정이정청은 봉기를 진정시키기 위한 임시방편에 그치고 말았어. 1862년 8월에는 삼정 중에서도 농민의 원성이 가장 컸던 환곡 제도를 없앤다고 발표했다가 농민 봉기가 수그러들자 원래대로 되돌려 버렸단다.

진주 농민 봉기는 삼정 문란의 폐해를 고스란히 감당해 온 농민들의 분노가 폭발한 사건이었어. 그리고 비슷한 문제를 겪고 있던 주변 고을에도 봉기가 일어날 수 있는 계기가 되었지. 그러나 진주 농민 봉기는 어디까지나 고을 단위로 일어난 사건에 그치고 말았어. 주변 고을과 연합하지 못했기 때문에 힘이 약했던 거야. 또 삼정의 문제를 근본적으로 해결하려 하기보다는 세금을 낮추거나 액수를 고정시키는 데 만족했다는 점도 한계였어.

그렇지만 이러한 한계에도 진주 농민 봉기는 지배층의 수탈에 농민들이 한데 뭉쳐 싸운 뜻깊은 항쟁이었어. 이러한 경험을 바탕으로 다져진 농민의 힘은 1894년 동학 농민 운동에 이르러 다시 살아난단다.

키워드 23 **흥선 대원군**

거침없이 개혁 정책을 펴다

흥선 대원군은 서양 열강들이 조선으로 밀려올 때 나라의 문을 꼭꼭 걸어 잠그고 외국과 교역을 철저히 거부한 쇄국주의자로 많이 알려져 있지. 그러나 다른 한편으로는 세도 정치 때문에 무너져 가는 조선을 다시 세우기 위해 여러 가지 개혁 정책을 강력하게 펼쳐 나간 개혁가로 평가받기도 한단다.

【 최고 권력자가 된 왕의 아버지 】

1863년 철종이 세상을 떠나자 왕족의 한 명이었던 흥선군 이하응의 아들 고종이 어린 나이로 왕위에 올랐어. 조선은 왕의 뒤를 이을 자식이나 형제가 없을 때 임금의 친족 중에서 왕을 세우는데, 이렇게 세워진 왕의 아버지를 '대원군'이라 불렀어.

조선 왕실에는 역사상 모두 네 명의 대원군이 있었어. 선조의 아버지 덕흥 대원군, 인조의 아버지 정원 대원군, 철종의 아버지 전계 대원군, 그리고 고종의 아버지 흥선 대원군. 선조와 인조, 철종의 아버지는 아들이 왕위에 오르기 전에 이미 죽었기 때문에 나중에 대원군으로 추존되었지만, 흥선군 이하응은 살아 있을 때 대원군이 되었어. 흥선 대원군은 10여 년 동안 어린 아들 고종을 대신하여 실질적으로 나라를 다스렸어. 흔히 대원군 하면 흥선 대원군을 떠올리는 것도 이 때문이란다.

흥선군 이하응은 영조의 증손자인 남연군의 넷째 아들인데, 왕족이긴 했지만 대원군이 되기 전까지는 안동 김씨의 견제를 피해 몸을 낮추고 살았어. 그 무렵 정권을 쥐고 있던 안동 김씨 세력은 철종을 이을 후계자가 없자 다음 왕위를 이을지도 모르는 왕족들을 끊임없이 경계했어. 그래서 흥선 대원군은 안동 김씨 세력의 경계심을 누그러뜨리기 위해 일부러 건달처럼 행세했다고 해.

이하응은 철종이 대를 이을 아들 없이 병으로 앓아눕자 신정 왕후에게 접근해 자기 아들을 양자로 삼아 왕위에 올릴 것을 청했어. 이하응은 세도 정치로 무너져 가는 조선의 현실을 보면서 안동 김씨 세력을 뿌리 뽑겠다고 속으로 칼을 갈고 있었거든. 헌종의 어머니인 신정 왕후 조씨는 철종이 왕위에 있을 때 안동 김씨의 세도에 눌려 죽은 듯이 지내야 했던 한을 풀기 위해 이하응과 손을 잡았지. 이렇게 해서 이하응의 아들 고종이 열두 살의 나이로 왕위에 오르게 되었단다.

왕이 나이가 어려 왕실의 최고 어른인 신정 왕후가 수렴청정을 했지만 실질적으로는 흥선 대원군이 나라를 다스렸어. 조선 역사상 처음으로 살아 있는 대원군이 조정의 최고 권력자가 된 거야.

【 왕권 강화를 위한 개혁 조치 】

흥선 대원군은 정권을 잡자마자 세도 정치 아래 흐트러진 정치를 바로잡고 왕권을 강화하기 위해 여러 가지 개혁 정책을 펼쳤어.

먼저 60년 동안 안동 김씨 세도 정치의 본거지 구실을 한 비변사를 폐지했어. 비변사는 중종 때 북쪽의 여진족과 남쪽의 왜구의 침입에 대비하기 위해 설치한 임시 기구였는데, 명종 때 을묘왜변이 일어나면서 상설 기구가 되었어. 임진왜란을 거치면서는 군사 업무뿐만 아

흥선 대원군

니라 사회, 외교, 인사 문제 등 행정 업무까지 총괄하는 최고 통치 기관이 되었지. 세도 정치기에는 안동 김씨를 비롯한 세도 가문이 비변사의 중요 관직을 차지하고 왕보다 더한 권력을 행사했단다.

흥선 대원군은 비변사를 없애고 의정부와 삼군부를 부활시켜 각각 행정 업무와 군사 업무를 맡게 했어. 곧 행정권과 군사권을 분리하여 힘의 균형이 깨지지 않게 한 거야. 그동안 비변사를 독차지하고 있던 세도 가문의 힘은 자연히 약해질 수밖에 없었지.

흥선 대원군은 세도 정치를 타파하고 인재를 고루 등용하기 위해 노론 중심이었던 중요 관직에 소론과 남인, 북인을 앉혔어. 뿐만 아니라 서얼과 서북 사람들도 등용했어. 이때 우의정에 오른 임백경은 인조반정으로 북인이 몰락한 지 240년 만에 등용된 북인 정승이야. 그만큼 이는 아주 획기적인 인사 정책이었단다.

이어서 흥선 대원군은 세도 정권에 빌붙어 부정부패를 일삼은 탐관오리들을 처벌하여 나라 기강을 바로 세우고, 『대전회통』, 『육전조례』 등 법전을 편찬하여 통치 규범을 재정비했어.

운현궁 노안당 흥선 대원군이 사랑채로 쓰던 건물이다. 흥선 대원군은 궁궐이 아니라 이곳에서 나라의 주요 정책들을 논의하고 결정했다.

【 삼정 개혁과 서원 철폐 】

흥선 대원군은 세도 정치기에 백성들의 원성이 높았던 삼정의 폐단을 고쳐 백성의 삶을 안정시키는 동시에 나라 재정을 확보하고자 했어.

먼저 전국적으로 토지 조사 사업을 벌여 양반들이 세금을 내지 않으려고 나라에 등록하지 않고 숨겨 놓은 땅을 찾아내 세금을 물게 했어. 그리고 삼정 가운데 고리대업으로 변질되어 가장 크게 백성을 괴롭히던 환곡제를 폐지하고 '사창제'를 실시했어. 탐관오리와 아전들이 백성들에게 억지로 환곡을 빌리게 해 높은 이자를 받아 내거나 환곡을 빼돌리는 등 중간에서 수탈하는 것을 막기 위해 마을마다 사창을 설치하고, 덕망 있고 경제적으로 여유가 있는 사람을 뽑아 사창을 운영하게 한 거야. 사창제를 실시하자 환곡의 문제점이 어느 정도 고쳐져서 농민들은 좀 더 안정되게 곡식을 빌릴 수 있었단다.

또 '호포법'을 실시하여 백성들만 부담하던 군포를 양반들도 내게 했어. 그동안 군역을 면제받는 특권을 누려 오던 양반들은 크게 반발했지만, 일반 백성들은 부담이 줄어들어 환영했지.

흥선 대원군은 전국에 넘치도록 많이 세워진 서원도 정리하기로 마음먹었어. 원래 서원은 훌륭한 유학자에게 제사를 지내고 인재를 기르기 위해 세운 곳인데, 양반과 유생들이 서원을 근거지로 삼아 당쟁을 일삼고 백성을 착취하면서 갈수록 순수한 기능을 벗어났기 때문이야. 서원의 제사 비용을 고을 백성들이 부담하게 하고 지정한 액수를 내지 않으면 매질을 하거나 고문하는 등 백성들을 괴롭혔지.

흥선 대원군이 서원 철폐령을 내리자 유생들이 들고일어났어. 지방에서 한양으로 올라온 이들은 대궐 문 앞에 모여 시위를 벌였지. 그러나 흥선 대원군은 한 치도 물러서지 않았어.

"백성을 해치는 자는 공자가 다시 살아난다 해도 내가 용서하지 않겠다. 서원은 지금 도적 떼의 소굴이 되어 버렸다."

이처럼 흥선 대원군은 강력한 의지로 마침내 47곳만 남기고 나머지 사원 600여 곳을 모두 없애 버렸어. 철폐된 서원의 토지와 재산은 모두 거두어 나라 재정에 보탰지.

서원 철폐는 흥선 대원군이 펼친 개혁 정책 가운데 가장 큰 업적이라 할 수 있어. 하지만 이는 훗날 최익현을 비롯한 양반 유림들에 의해 흥선 대원군이 정치에서 물러나는 원인이 되기도 한단다.

【 민심을 잃은 경복궁 중건 사업 】

경복궁은 임진왜란 때 불타 버린 뒤 270년이 넘도록 폐허로 남아 있었어. 흥선 대원군은 나라의 으뜸 궁궐이었던 경복궁을 다시 세워 잃어버린 왕실의 권위를 되찾아야겠다고 생각했어. 그래서 조선 후기의 어느 왕도 시도하지 못한 경복궁 중건 사업을 시작했단다.

경복궁 조선 시대 궁궐 중에서 으뜸이 되는 법궁이다. 임진왜란 때 불타 없어진 것을 흥선 대원군이 다시 지었다.

하지만 경복궁을 다시 짓는 일은 규모가 큰 만큼 많은 백성들이 동원되어야 했고, 막대한 비용이 들어가는 일이었어. 흥선 대원군은 필요한 비용을 마련하기 위해 '원납전'이라는 기부금을 걷었어. 처음에는 관리와 백성들에게 자진해서 내게 하되 액수에 따라 벼슬과 상을 주게 했어. 그래도 재정이 모자라자 아예 강제로 거두었어. 원납전 1만 냥을 내면 평민에게도 벼슬을 주고, 10만 냥이 넘으면 고을 수령 관직까지 주었단다.

당백전 상평통보 100배의 가치에 해당한다는 뜻에서 당백전이라고 했다. 그러나 실제 가치는 20분의 1에도 미치지 못해 화폐의 가치를 떨어뜨리고 물가를 치솟게 했다.

또 공사비를 마련하기 위해 고액 화폐인 '당백전'을 발행했는데, 이는 결국 화폐 경제에 큰 혼란을 불러일으켰지. 당백전이란 이미 통용되고 있던 상평통보보다 100배의 가치가 있다 해서 붙인 이름이야. 하지만 당백전을 만드는 데 들어간 금속의 양을 보면 당백전의 가치는 상평통보보다 5~6배밖에 높지 않았어. 그래서 일반 백성들은 물론이고 상인들도 당백전 사용을 꺼렸어. 고액 화폐가 유통되자 물가는 6배나 뛰고, 화폐로 물건을 사고파는 대신 물물 교환을 하는 모습까지 나타났어.

이 밖에도 한양의 4대문을 통과할 때 문세를 걷고, 토지 1결당 1두를 걷는 특별세를 새로 만들어 백성들의 원성이 끊이지 않았어. 게다가 공사 도중 불이 나는 바람에 800여 칸 건물이 잿더미가 되기도 했어.

그러나 흥선 대원군은 경복궁 중건을 포기하지 않고 오히려 강력하게 밀어붙여서 다시 공사를 시작한 지 2년여 만에 끝마쳤어. 조선 후기 내내 폐허로 남아 있던 경복궁은 본모습을 찾았지만, 무리한 공사 탓에 흥선 대원군은 그동안 여러 개혁 정치로 얻은 백성들의 지지를 잃고 말았단다.

키워드 24 병인양요와 신미양요

밀려오는 서양 세력에 맞서다

흥선 대원군이 나라 안의 개혁에 힘을 쏟고 있을 무렵, 나라 밖에서는 서양 세력이 아시아를 향해 침략의 손길을 뻗쳐 오고 있었어. 이미 중국과 일본을 무릎 꿇리고 강제로 통상 조약을 맺은 영국·프랑스·미국 등 서양 강대국들이 다음 차례로 노린 것은 조선이었지. 조선은 이들 서양 세력에 큰 위기감을 느끼고 경계의 끈을 늦추지 않았어. 하지만 국제적인 흐름은 서양 강대국들을 조선으로 이끌었고, 조선은 어쩔 수 없이 이들과 마주해야만 했단다. 조선은 밀려오는 서양 세력에 어떻게 대처했을까?

【 이상하게 생긴 배, 이양선이 나타나다 】

산업 혁명을 겪은 뒤 자본주의 경제 체제를 이룩한 영국, 프랑스, 미국, 독일 등 서양 강대국들은 19세기 중반에 새로운 시장을 찾아서 아시아로 앞다투어 몰려왔어. 공장에서 대량으로 생산한 상품을 내다 팔고 값싸고 좋은 원자재를 쉽게 얻기 위해서였지.

대포와 군함을 앞세운 이들은 중국, 일본 등을 침략해 강제로 통상 조약을 맺었어. 1842년에는 중국이 영국에 굴복해 항구를 열고, 1854년에는 일본이 미국에 의해 강제로 항구를 열었지. 1860년에는 영국·프랑스 연합군이 중국의 수도 북경을 점령하고 중국에 굴욕적인 통상 조약을 맺게 했단다.

중국 같은 큰 나라가 서양 세력에 수도를 함락당하고 황제가 피란까지 갔다는 소식에 조선 정부는 큰 충격을 받았어. 게다가 조선 해안에 영국·프랑스·미국·러시아 등 서양 배가 눈에 띄게 자주 나타나자, 서양 세력이 조선을 쳐들어올지도 모른다는 위기감이 더욱 커졌단다.

그 무렵 조선 사람들은 서양 사람들이 타고 온 배를 '이양선'이라 불렀어. 조선의 배들과 모양이 다르게 생긴 서양 배라는 뜻이야. 이양선은 대부분 싸울 수 있는 무기까지 갖춘 거대한 함선이었어.

서양 배를 타고 온 사람들은 조선의 바닷길을 측량하거나 조선 정부의 허가도 받지 않고 조선 땅에 상륙해 조선의 정세를 살폈어. 물과 식량을 요구하거나 통상을 요구하기도 했지. 하지만 조선에서는 전통적으로 중국 외에 다른 나라와 교역하는 것을 금지하고 있어서, 물이나 식량을 주기는 해도 이들과의 통상은 거부했단다.

조선 정부는 서양 배가 자주 나타나자 바다를 방어하는 데 힘썼어. 특히 흥선 대원군은 나라의 문을 꼭꼭 닫아걸고 서양 나라와는 일절 교역하지도 교류하지도 않는다는 쇄국 정책을 굳게 지켰어. 그리고 서양 세력이 조선을 침략할지도 모른다는 위기감과 함께 천주교를 반대하는 목소리가 점점 높아져 가자, 천주교도들을 서양 세력의 앞잡이로 지목하고 대대적으로 탄압하기 시작했어. 국내에 들어와 있던 프랑스 신부 9명과 천주교 신자 수천 명이 처형당했지. 이를 '병인박해'라고 해.

이양선 19세기 중엽에 서양 배가 조선 해안에 자주 나타나 통상을 맺을 것을 요구했다.
조선 사람들은 서양 사람들이 타고 온 배를 조선의 배와 모양이 다르게 생겼다 하여 이양선이라 불렀다.

【 병인양요, 프랑스 함대를 물리치다 】

한편 병인박해를 피해 간신히 살아서 도망친 프랑스 신부 리델은 중국에 주둔해 있는 프랑스 동양 함대 사령관 로즈 제독을 찾아갔어. 리델은 로즈 제독에게 조선 정부의 천주교 탄압 사실을 알리고 조선 정부를 혼내 줄 것을 요청했어. 이 일은 중국을 비롯한 동아시아를 새로운 무역 시장으로 삼기 위해 기회를 엿보고 있던 프랑스에 아주 좋은 구실이 되었지.

1866년 10월, 프랑스는 조선이 프랑스 선교사를 살해한 책임을 묻겠다는 구실을 내세워 군함 7척과 1천여 명의 군사를 이끌고 강화도로 쳐들어왔어. 한양으로 들어가는 물길의 길목이자 한양을 방어하는 군사 요충지인 강화도를 점령하면 조선 정부를 크게 위협할 수 있을 거라는 판단이었지.

대포를 앞세운 프랑스군은 쉽게 강화성을 점령한 뒤, 프랑스 신부 살해에 대한 배상금을 지급하고 책임자를 처벌할 것과 통상 조약을 맺을 것을 조선 정부에 요구했어. 흥선 대원군은 프랑스의 요구를 단칼에 거절하고 항전 선언문을 발표했어.

"만약 괴로움을 참지 못하고 서양 오랑캐와 화친을 허락한다면 이는 곧 나라를 팔아먹는 짓이다. 그들의 독함을 이기지 못하고 교역을 허락한다면 이는 나라를 망치는 짓이다. 적이 도성을 침범하였을 때 도망친다면 이는 나라를 위태롭게 하는 짓이다."

조선 정부가 프랑스의 요구를 거부하고 강화도 수복 작전에 들어가자 프랑스군은 문수산성을 공격했어. 조선군은 죽기 살기로 싸웠지만 우수한 근대식 무기를 갖춘 프랑스군을 당해 낼 수 없었지. 프랑스군은 문수산성의 남문과 부속 건물을 비롯해 주변의 민가 30여 채를 불태우고 철수했어.

화력에서 밀린 조선군은 다른 작전을 펼치기로 했어. 양헌수 장군이 달도 없는 그믐밤을 이용해 군사를 이끌고 정족산성에 몰래 들어가 적과 싸우기로 한 거야. 이를 알 리 없는 로즈 제독은 정족산성을 공략하려다가, 숨어 있던 조선군의 기습 공격을 받고 크게 패했어.

정족산성에서 6명의 전사자와 30여 명의 부상자를 낸 프랑스군은 조선과 통상

정족산성 병인양요 때 양헌수 장군이 이끄는 조선군이 프랑스군과 격전을 벌여 승리한 곳이다.

하기가 어렵겠다고 판단하고 철수하기로 결정했단다.

거의 한 달 동안 강화도를 점령하고 있던 프랑스군은 철수하면서 강화도 일대를 약탈하고 불을 질렀어. 그리고 외규장각에 보관되어 있던 책들을 비롯해 국왕의 옥쇄, 은괴 19상자, 무기 등을 거둬 갔어. 이 사건을 병인년(1866년)에 서양 세력이 일으킨 난리라는 뜻에서 '병인양요'라고 해.

흥선 대원군은 프랑스군이 물러가자 덕진진에 "바다의 관문을 지키고 있으니, 다른 나라의 배는 어떠한 경우에도 지나갈 수 없다."는 경고비를 세우고 쇄국의 의지를 더욱 다졌단다.

【 신미양요, 미국 함대를 쫓아내다 】

병인양요는 우리나라 역사상 처음으로 서양 세력의 침략을 막아 낸 전쟁이었어. 프랑스군의 침략과 약탈에 조선 사람들은 서양 세력을 배척하는 감정이 더욱 강해졌어. 흥선 대원군도

경고비 흥선 대원군이 강화해협을 지키는 주요 요새인 덕진진의 남쪽 끝 덕진돈대 앞에 세운 비이다.

이와 같은 여론과 프랑스 함대를 물리쳤다는 자신감에 힘입어 쇄국 정책을 더 강하게 밀고 나갔지. 그리고 서양 세력의 침입에 대비해 주요 해안에 포대를 쌓고 포군을 늘렸어. 서양의 근대식 무기와 맞서기 위해 새로운 무기를 개발하는 등 국방을 강화했단다.

그런 와중에 흥선 대원군의 쇄국 정책을 더욱 굳히게 만든 사건이 일어났어. 1868년 오페르트라는 독일 상인이 흥선 대원군의 아버지인 남연군의 묘를 파헤친 거야. 중국 상해에서 장사를 하던 오페르트는 조선과 통상을 맺으려고 두 차례나 시도했어. 그런데 조선에서 꿈쩍도 하지 않자, 남연군의 시신을 훔쳐서 흥선 대원군과 통상 조건으로 흥정하려 했던 거야. 조상의 제사나 무덤을 중요하게 여기는 조선 사람들의 조상 숭배 사상을 이용하려 한 거지. 그런데 남연군의 묘가 생각보다 단단해서 관을 꺼내지 못해 오페르트의 계획은 실패로 끝났어. 결국 이 일로 흥선 대원군은 물론 백성들까지 서양인들을 야만인으로 여기고 더욱 배척하게 되었지.

그런데 1871년, 이번에는 미국 군함이 강화도에 나타났어. 5년 전 조선이 제너럴셔먼호라는 미국 배를 불태우고 선원들을 죽인 사건을 구실로 쳐들어온 거야.

1866년 병인양요가 일어나기 두 달 전, 제너럴셔먼호로 대동강을 거슬러 올라온 미국 상인이 조선에 무역을 요구한 적이 있었어. 그때 조선의 관리가 조선은 서양과 무역할 수 없으니 돌아가라고 일렀는데, 선원들은 조선의 관리를 붙잡아 배에 가두고 평양 주민들을 총으로 쏘아 죽이기까지 했어. 이에 평양 감사가 군대를 동원해 제너럴셔먼호를 불태워 버렸어. 간신히 뭍으로 살아 나온 사람들은 성난 평양 주민들에게 모두 죽음을 당했지.

그 뒤 미국은 제너럴셔먼호 사건에 대한 책임을 따지며 조선에 통상 조약을 맺으라고 요구했어. 조선 정부는 곧 답장을 보냈지.

"제너럴셔먼호 사건은 미국 상선 스스로 불러일으킨 일이다. 조선은 전통적으로 중국 외에는 다른 나라와 외교 관계를 맺을 수 없을뿐더러 생산업이 빈약해서 미국과 교역할 만한 상품이 없다. 따라서 교역을 허락한다면 경제가 파탄 날 것이므로 미국과 통상 관계를 맺을 수 없다."

 조선이 이처럼 통상을 거부하자 1871년 5월, 미국의 아시아 함대 사령관 로저스가 군함 5척과 1,200여 명의 군사를 이끌고 강화도로 쳐들어왔어. 이를 '신미양요'라고 해.

 미국 함대는 강화도 상륙 작전을 펼쳐 초지진과 덕진진을 잇달아 점령했어. 그러고는 바다와 육지 양쪽에서 근대식 화포와 총으로 광성보를 포격했어. 광성보를 지키고 있던 어재연 장군과 조선군은 목숨을 걸고 맹렬하게 싸웠지. 탄알이 다 떨어지자 창과 칼을 들고 싸웠고, 손에 무기가 없는 군사들은 돌멩이나 흙을 던지며 싸웠어. 하지만 이 전투에서 끝내 어재연 장

[병인양요와 신미양요]

광성보 용두돈대 신미양요 때 어재연 장군이 이끄는 조선군이 미국의 우수한 화포에 맞서 치열하게 전투를 벌인 곳이다.

미군이 빼앗아 간 조선 장수의 깃발
미군은 광성보를 점령한 뒤 미국 국기인 성조기를 게양하고, 수(帥) 자가 새겨진 조선군 대장의 깃발을 빼앗아 갔다. 이 깃발은 2007년, 136년 만에 우리나라에 돌아왔다.

군은 전사하고, 조선군은 350명이 죽고 20명이 부상을 입었어. 반면 미군은 전사자 3명에 부상자는 10명밖에 되지 않았단다.

　미국은 광성보 전투에서 크게 패한 조선이 통상 협상에 응할 것이라 예상했지만, 뜻밖에도 조선 정부가 강하게 나오자 당황했어. 결국 로저스는 20여 일을 조선 대표가 파견되기를 기다리다가, 조선을 개항시키려는 뜻을 이루지 못하고 물러갔어.

미국이 스스로 물러가자 흥선 대원군은 조선이 많은 피해를 입었는데도 오히려 미국을 물리쳤다고 여겼어. 그러고는 전국에 척화비를 세워 서양 세력에 단호하게 맞서겠다는 의지를 온 백성에게 알렸지.

척화비에는 이런 내용이 쓰여 있단다.

"서양 오랑캐가 쳐들어오는데 싸우지 않는다면 화친하자는 것이요, 화친을 주장하는 것은 곧 나라를 팔아먹는 짓이다."

흥선 대원군은 강력한 쇄국 정책으로 서양 세력의 침입을 일시적으로 막아 내긴 했지만, 근본적인 대책은 세우지 못한 채 정치권에서 물러나게 돼.

척화비 경상남도 창녕에 세운 척화비이다. 척화란 서양과 화해하자는 주장을 물리친다는 뜻으로, 흥선 대원군은 강화도를 비롯해 전국 각지에 척화비를 세워 쇄국의 의지를 다졌다.

흥선 대원군의 아들 고종은 스무 살이 넘자 직접 나라를 다스리고 싶어 했어. 하지만 흥선 대원군은 권력을 넘겨줄 생각이 조금도 없었지. 이때 흥선 대원군의 서원 철폐에 반감을 품고 있던 최익현이 흥선 대원군의 여러 잘못을 들어 물러날 것을 요구하는 상소를 올렸어. 고종과 왕비 민씨는 최익현과 유림 세력을 앞세워 흥선 대원군이 물러나도록 압박했어. 결국 흥선 대원군은 고종을 대신해 나라를 다스린 지 10년 만에 물러나고 말았지.

그 뒤 조선의 앞날에는 외국 세력에 의한 강제적인 근대화의 불안한 그림자가 드리워지게 된단다.

키워드 + **외규장각 의궤**

아픈 역사를 잊고 우리나라로 돌아온 의궤

병인양요를 일으켜 강화도를 불법으로 점령했던 프랑스군은 조선군에 밀려 물러가면서 외규장각을 불태우고 값이 나갈 만한 유물들을 약탈해 갔어. 안타깝게도 이때 외규장각에 보관되어 있던 서적 6천여 권이 불길에 사라졌지.

외규장각은 정조 때 지었어. 전쟁이나 나라가 위급할 때를 대비해서 왕실의 자료들을 비롯해 주요 서적들을 더 안전하고 체계적으로 보관하기 위해 강화도에 따로 지은 거야. 말하자면 창덕궁에 있는 규장각의 분관이라 할 수 있지.

외규장각에는 조선 왕실의 중요한 자료들과 함께 어람용 의궤 대부분을 보관했어. 어람용 의궤란 조선 왕실의 중요한 행사를 기록한 의궤 가운데 왕이 보는 의궤를 가리키는 말이야. 어람용 의궤는 왕이 친히 열람하는 만큼 일반 의궤보다 종이의 질이나 제본이 훨씬 뛰어났어. 질 좋은 종이에 비단으로 만든 표지, 책을 묶기 위해 가장자리에 놋쇠를 대고 국화 문양 장식을 덧댄 제본 철, 화려한 왕실 행사의 모습을 담은 그림 등에서 어람용 의궤의 품위를 한눈에 느낄 수 있단다.

어람용 의궤 헌종이 세상을 떠난 뒤 왕릉인 경릉을 조성하는 과정을 정리한 의궤이다. 왕이 열람하는 어람용 의궤로, 비단 표지에 놋쇠 제본 철 등을 하여 고급스럽고 품격이 있다.

그런데 병인양요 때 프랑스군이 외규장각에 보관되어 있던 의궤 300여 권을 가져간 거야. 이들이 이렇게 말도 안 되는 짓을 한 것은 나폴레옹 집권 때부터였어. 프랑스군은 외국과 전투를 치르면 가치 있는 문화재를 약탈해 자기 나라로 가져갔어. 대규모 전투에는 문화재 전문가를 파견하기까지 했지. 나폴레옹이 이집트 원정 때 이집트에서 가져간 로제타석과 오벨리스크 등이 대표적인 약탈 문화재란다.

이러한 관례는 병인양요에도 이어졌지. 로즈 제독은 값어치 있어 보이는 의궤류들에는 불을 지르지 않고 본국으로 가져가서 나폴레옹 3세에게 바쳤어. 이런 사실은 로즈 제독이 작성한 문서에 남아 있단다.

외규장각 강화 행궁과 그 주변을 그린 「강화부 궁전도」 중 외규장각 부분이다.

프랑스군이 조선에서 약탈해 간 의궤는 파리 국립 도서관 베르사유 분관의 파손 도서 보관 창고에 방치되어 있었어. 오래도록 잠자고 있던 의궤를 찾아낸 사람은 대한민국의 정부 관계자가 아닌 박병선이라는 역사학자였어. 박병선은 1955년 우리나라 여성으로는 처음으로 프랑스 유학길에 오르면서 프랑스군이 약탈해 간 의궤를 꼭 찾으리라 다짐했다고 해.

그러나 외규장각 의궤는 쉽게 찾을 수 없었어. 프랑스군이 약탈해 갔

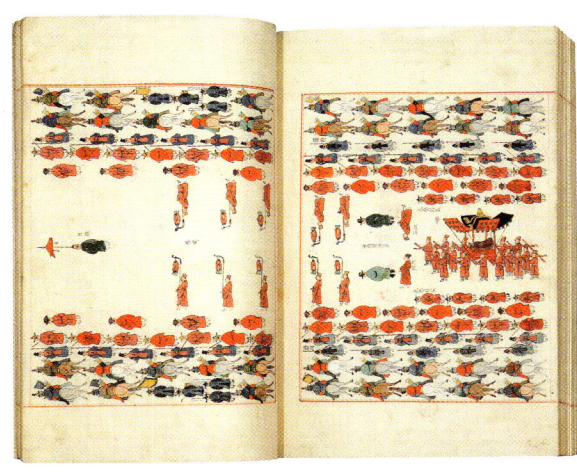

『순조순원왕후가례도감 의궤』 1802년에 있었던 순조와 순원 왕후 김씨의 혼례식 과정을 기록한 의궤이다.

으니 프랑스에 있을 거라고 추측만 할 뿐, 어디에 있는지 알 수 없었기 때문이야. 박병선은 프랑스에 있는 도서관은 물론 고서점 등을 돌아다니며 외규장각 의궤를 찾으려 애썼어. 그러다가 1967년 파리 국립 도서관의 연구원으로 일하게 되었지. 박병선은 파리 국립 도서관에서 고려 때 만들어진 불경인 『직지심체요절』을 발견했어. 그리고 연구한 결과 『직지심체요절』이 지금까지 남아 있는 금속 활자 인쇄본 가운데 세계에서 가장 오래된 것이라는 사실을 밝혀냈단다.

외규장각 의궤를 찾아 헤맨 지 20여 년이 되던 해, 박병선은 드디어 파리 국립 도서관 분관 창고에서 먼지를 뒤집어쓰고 있던 외규장각 의궤를 찾아냈어. 그 뒤 의궤의 내용을 조사하고 정리하여 한국에 알리고 반환 운동에 적극 앞장섰지.

그러나 한 역사학자의 노력으로 찾아낸 의궤가 우리나라로 오기까지는 오랜 시간이 걸려야 했단다. 전쟁 때 약탈해 간 문화재이므로 당연히 돌려주어야 마땅한데도 프랑스 정부는 돌려주려고 하지 않았어. 프랑스가 약탈한 문화재는 우리나라 것 말고도 많아. 만약 의궤를 돌려주면 다른 나라에서 가만있지 않을 테니 선뜻 돌려주지 못한 거지.

1993년 한국을 방문한 프랑스의 미테랑 대통령이 의궤 한 권을 반환한 뒤 20년 가까이 길고 긴 반환 협상이 이어진 끝에, 2011년 4월부터 5월까지 네 차례에 걸쳐 외규장각 의궤 297권이 드디어 우리나라에 돌아왔단다. 아쉽게도 소유권의 완전 반환이 아니라 5년마다 재계약을 해서 빌려 주는 방식이지만, 1866년 병인양요 이후 프랑스로 간 의궤가 145년 만에 돌아온 것은 뜻깊은 일임에 틀림없단다.

연표

조선 후기

1608년 광해군이 공납제를 폐지하고 공물을 쌀로 대신 내게 하는 대동법을 시행하였다.

1609년 일본의 요청에 따라 임진왜란 이후 끊어졌던 외교 관계를 다시 맺었다.

1610년 허준이 우리 실정에 맞는 의학서 『동의보감』을 완성하였다.

1618년 명나라가 후금을 막기 위해 조선에 지원병을 요청하자, 광해군이 후금과 명나라 사이에서 중립 외교를 펼쳤다.

1623년 서인이 반정을 일으켜 광해군을 쫓아내고 인조를 왕위에 올렸다(인조반정).

1624년 인조반정 때 세운 공을 인정받지 못해 불만을 품은 이괄이 반란을 일으켰다(이괄의 난).

1627년 조선이 후금을 배척하는 외교 정책을 펼치자, 후금이 군사 3만을 이끌고 조선을 침략하였다(정묘호란).

1636년 후금이 나라 이름을 '청'으로 고치고 조선에 군신 관계를 맺을 것을 요구했다가 거절당하자, 10만 대군을 이끌고 조선을 침략하였다(병자호란).

1637년 인조가 남한산성으로 피란 간 지 45일 만에 삼전도에서 청나라에 항복하였다(삼전도의 굴욕).

1653년 네덜란드 선원 하멜이 배를 타고 일본으로 가다가 태풍을 만나 제주도로 떠내려왔다.

1654년 청나라의 요청에 따라 조선군을 파견해 러시아군을 물리쳤다(나선 정벌).

1659년 효종이 죽자 효종의 어머니이자 인조의 계비인 자의 대비가 상복 입는 기간을 두고 서인과 남인이 논쟁을 벌였다(예송 논쟁).

1668년 14년 만에 조국에 돌아간 하멜이 조선에서 겪은 생활을 기록한 『하멜 표류기』를 펴냈다.

1670년 유형원이 통치 제도 개혁안인 『반계수록』을 완성하였다.

1674년 2차 예송 논쟁이 일어나 남인이 정권을 장악하였다.

1678년 상평통보가 발행되어 전국으로 유통되기 시작하였다.

1680년 남인의 우두머리 허적이 왕실 물건을 허락 없이 쓴 사건을 빌미로 남인이 물러나고 서인이 정권을 장악하였다(경신환국).

1689년 희빈 장씨가 낳은 아들을 원자로 삼으려는 숙종의 뜻에 반대하던 서인이 쫓겨나고 남인이 다시 정권을 잡았다(기사환국).

1693년 안용복이 일본으로 건너가 일본 정부로부터 울릉도가 조선 땅임을 확인받았다.

1694년 서인이 정권을 잡고 폐비 민씨가 다시 왕비가 되었다(갑술환국).

1698년 숙종이 노산군을 단종으로 복권시켰다.

1701년 장 희빈이 인현 왕후를 저주해 죽게 했다는 죄로 사약을 받고 죽음을 당하였다.

1708년 대동법이 전국적으로 시행되었다.

1712년 조선과 청나라의 경계를 표시하기 위해 백두산에 정계비를 세웠다.

1725년 영조가 붕당 정치의 폐단을 없애기 위해 탕평책을 실시하였다.

1728년 이인좌 등의 소론과 남인 일부가 영조와 노론을 몰아내기 위해 반란을 일으켰다(이인좌의 난).

1740년 전국의 도량형기를 통일하게 하였다.

1742년 영조가 탕평책을 널리 알리기 위해 성균관에 탕평비를 세웠다.

1750년 16~60세의 양인 남자가 1년에 군포 2필을 내던 것을 1필로 줄인 균역법을 실시하였다.

1760년 영조가 청계천 준천 공사를 실시하였다.

1763년 조엄이 대마도에서 고구마를 들여왔다.

1776년 정조가 규장각을 설치하였다.

1778년 안정복이 고조선부터 고려까지의 역사를 정리한 『동사강목』을 완성하였다.

1784년 이승훈이 청나라 북경에서 조선 사람으로는 처음으로 세례를 받았다.

1785년 조선 초기의 법전인 『경국대전』과 영조 때 펴낸 『속대전』, 그 뒤에 간행된 법령집을 통합해 새로운 법전인 『대전통편』을 펴냈다.

1791년 금난전권을 폐지하여 일반 상인들이 자유롭게 물건을 사고팔 수 있게 하였다.

1796년 수원 화성이 완공되었다.

1800년 어린 순조가 왕위에 오르자 정순 왕후가 수렴청정하였다.

1801년 정순 왕후와 노론 세력이 천주교도를 탄압하여 이승훈, 정약종, 이가환 등이 처형당하고 정약용이 유배를 떠났다(신유박해).

왕실과 관아에 속해 있던 공노비를 해방하였다.

1805년 안동 김씨의 세도 정치가 시작되었다.

1811년 홍경래가 지역 차별과 세도 정치를 비판하며 평안도에서 난을 일으켰다(홍경래의 난).

1818년 정약용이 수령이 갖추어야 할 덕목을 담은 『목민심서』를 완성하였다.

1845년 김대건이 청나라에서 영세를 받고 우리나라 최초의 신부가 되었다.

1860년 최제우가 '사람이 곧 하늘'이라는 인내천 사상을 중심으로 동학을 창시하였다.

1861년 김정호가 『대동여지도』를 완성하였다.

1862년 세금 수탈에 견디다 못한 농민들이 진주에서 봉기를 일으켰다.

전국에서 봉기가 일어나자 조정에서 삼정의 폐단을 고치기 위해 삼정이정청을 설치하였다.

1863년 고종이 어린 나이에 즉위하자 고종의 아버지 흥선 대원군이 정권을 잡고 개혁 정책을 펼쳤다.

1864년 동학의 창시자 최제우가 세상을 어지럽힌다는 죄목으로 처형당하였다.

1865년 흥선 대원군이 임진왜란 때 불탔던 경복궁을 다시 짓기 시작하였다.

조선 시대 마지막 법전인 『대전회통』이 편찬되었다.

1866년 미국 상선 제너럴셔먼호가 평양에서 무역을 요구하며 행패를 부리자, 조선 관군이 배를 불태웠다(제너럴셔먼호 사건).

흥선 대원군이 프랑스 선교사와 천주교도를 대대적으로 처형하자(병인박해), 이를 구실로 프랑스 함대가 강화도를 침략하였다(병인양요).

1868년 독일 상인 오페르트가 조선과의 통상을 목적으로 흥선 대원군의 아버지 남연군 묘를 도굴하려다가 실패하였다(오페르트 도굴 사건).

1871년 미국이 제너럴셔먼호 사건을 구실로 조선에 통상 조약을 맺을 것을 요구하며 강화도를 침략하였다(신미양요).

1873년 흥선 대원군이 전국에 척화비를 세웠다.

흥선 대원군이 정치에서 물러나고, 고종이 직접 나라를 다스렸다.

연표 **217**

찾아보기

ㄱ

갑술환국 58
강홍립 18, 24, 25
거중기 116, 141
견종법 66, 70, 73
경강 상인 106
경복궁 204, 205
『경세유표』 144, 145
경신환국 56, 57
경종 57, 88, 89
고종 200, 201, 213
공납 93, 129
공명첩 93
공인 15
광작 72
광해군 12~23, 28, 29, 34, 55
군포 93, 94, 169, 170, 203
권대운 75
규장각 102~105, 139, 164
균역법 93, 94, 169
균전론 132
금난전권 105~107
기사환국 57, 58

김관주 164
김대건 178
김득신 150
김만덕 120~123
김범우 177
김상헌 36, 39, 46, 167
김석주 52, 56
김육 127, 129
김응하 24, 25
김정호 184~190, 193
김제남 20, 21
김조순 165
김좌근 168
김창시 173, 174
김홍도 146, 149~152
김효원 53, 54

ㄴ

나선 정벌 48
남연군 210
남인 50~53, 55~61, 132, 165, 178, 202
남한산성 36~39, 47
내상 106
노론 57, 59, 88~91, 97, 100, 101, 165
누르하치 18, 25
능양군 22

ㄷ

다산 초당 143
단종 62
당백전 205
대동법 15, 65, 93, 129
『대동여지도』 184, 186~188, 190~193
대보단 49, 62
『대전회통』 202
도화서 149, 150, 152
『동경대전』 183
「동국지도」 189
『동여도』 184, 185
『동의보감』 16, 26, 28~31
동인 54, 55
동학 176, 179, 181~183

ㄹ

로저스 211, 212
로즈 제독 208, 209, 214

ㅁ

마테오 리치 176
만상 106
명나라 16~20, 22, 24, 25, 34, 35, 42, 62
『목민심서』 144, 145
목호룡 89
문수산성 208
문자도 155, 157
민유중 57
민화 154~156, 161

ㅂ

박규수 199
박병선 215
박어둔 80, 81
박제가 103, 117, 135~137
박지원 117, 135, 136
『반계수록』 130
방납 14
백낙신 196, 198
병인박해 207, 208
병인양요 206, 208~210, 214, 215
병자호란 34, 37

보부상 106, 126
봉림 대군 41, 42, 45, 51
북벌 정책 42, 46~49
북인 55, 56, 202
『북학의』 136, 137
북학파 117, 134, 135
붕당 정치 50, 53, 55, 56, 58~60, 65, 90
비변사 131, 195, 201, 202

ㅅ

사도 세자 95~97, 100, 138, 141
사설시조 161
사육신 61, 62
사창제 203
산수화 146
삼배구고두 40
삼정 168~171, 199, 203
삼정이정청 198, 199
상평통보 65, 74~77, 205
서민 문화 154, 159
서이수 103
서인 50~61
서학 176, 177

선조 12~14, 16, 28, 29, 55
세도 정치 164~168, 171, 172, 175, 180, 202
세책점 159
소론 57~59, 88~91, 97, 101, 202
소현 세자 41~46, 176
손병희 183
송상 106
송시열 46~48, 51, 52, 56~58
송준길 46, 51
쇄국 정책 207, 210, 213
수원 화성 110, 112~116, 141
숙종 49, 56~65, 75, 88
순조 164~167
시데하라 다이라 59
신류 48
신미양요 206, 209, 211
신유박해 165, 178
신윤복 146, 150, 152, 153
신헌 187, 188
실학 124, 127, 131, 138, 144
심의겸 53, 54
『심청전』 158, 159

심충겸 54
심환지 164

ㅇ

아담 샬 42, 43
안용복 78~85
안정복 129
양헌수 208, 209
어영청 46, 64, 75
어재연 211
여전론 133
연잉군 88, 89
『열하일기』 136
영조 88~101, 116, 135, 146
영창 대군 13, 20, 21
예송 논쟁 50~53, 56, 60
5군영 64
오달제 39, 41
오페르트 210
『용담유사』 183
외규장각 209, 214
외규장각 의궤 214, 215
우군칙 173, 174
『우서』 135
원납전 205

유계춘 196
유득공 103
유수원 134, 135
유의 144, 145
유형원 130~132
유희춘 27, 28
윤증 57
윤지충 178
윤집 39, 41
윤형원 54
윤휴 51
이가환 138, 165
이계열 197
이괄 22
이덕무 103
이명윤 196, 197
이벽 142, 177
이수광 127, 176
이승훈 138, 165, 177, 179
이앙법 66~69, 71~73
이양선 206, 207
이완 46, 47
이익 77, 131~133, 138, 139
이조 전랑 53, 54
이하응 200, 201
이희저 174

인내천 사상 181, 182
인목 대비 21
인조 22, 23, 25, 35~41, 44~46
인조반정 22, 25, 34
인현 왕후 57, 58
『일성록』 104, 105
임해군 12, 20

ㅈ

자의 대비 50~52
장용영 102, 113, 164
장 희빈 57, 58, 88
정묘호란 34, 35
정상기 189
정선 146~149
정순 왕후 142, 164, 165, 178
정약용 104, 113, 116, 129, 131, 133, 138~145, 165
정약전 142, 143, 165
정약종 142, 165
정약현 142
정여립 55
정조 100~107, 110~122, 141,

142, 151, 152, 164~166
정족산성 208, 209
정철 55
정항령 189
정후겸 101
제너럴셔먼호 사건 210, 211
조만영 166
조심태 113
조엄 73
중농학파 132, 134, 137, 145
중립 외교 19, 23~25
중상학파 134, 137, 145
『지봉유설』 127, 128, 176
직파법 68, 69
진경산수화 146~148
진주 농민 봉기 194, 199

ㅊ

채제공 107, 112, 113, 122
척화비 213
천도교 183
철종 167
청계천 준천 공사 92, 98, 99
『청구도』 184, 185
청나라 36~46, 48, 64,
134~137
초계문신 104, 139
최명길 22, 36, 39
최시형 182, 183
최익현 204, 213
최제우 179~183
최한기 187

ㅌ

탈놀이 161
탕평책 90, 91, 94, 101

ㅍ

판소리 160, 161
풍속화 146, 149~151

ㅎ

하멜 47
한백겸 127~129
한전론 133
『한중록』 97
허균 176
허목 51
허적 56, 75
허준 16, 26~31
헌종 166, 167
현종 50, 52, 53, 56, 60
호포법 203
홍경래 172~175
홍경래의 난 172, 175
홍대용 135
홍병원 196
홍봉한 96, 100
홍익한 39, 41
홍인한 101
홍타이지 36
『화성성역의궤』 114, 117, 118
환곡 169~171, 194~196,
198, 203
효명 세자 166
효종 46~52, 60
후금 17~19, 22, 24, 25,
34~36
후천 개벽 사상 181, 182
『흠흠신서』 144, 145
흥선 대원군 186, 187,
200~210, 213

사진·그림 제공 및 출처

❀ 사진 자료에 도움을 준 기관

간송미술관	월하정인 152, 단오풍정 153, 미인도 153
경기대학교박물관	장시가 열린 나룻터 126, 문자도 157
계명대학교 행소박물관	백수백복도 156
고려대학교박물관	대보단 62, 수령 부임 축하 잔치 169
국립고궁박물관	경혈을 나타낸 인체상 27, 『동의보감』 29, 영조 어진 89
국립민속박물관	약저울 33, 용두레 68, 조선통보 74, 십전통보 74, 엽전 함과 엽전 꾸러미 77, 저울 108, 밀대 108, 계산패 108, 주판 108, 수표 109, 산목 109
국립중앙박물관	삼안총 17, 『광해군일기』 23, 명나라로 가는 바닷길 35, 청나라 병사 39, 송시열 초상화 52, 윤증 초상화 57, 담배 썰기 73, 임진자 95, 자 108, 시장 가는 길 109, 배다리 141, 기와 올리기 150, 길쌈 150, 새참 150, 자리 짜기 151, 대장간 151, 말굽에 징 박기 151, 활쏘기 151, 모견도 156, 『심청전』 159, 기축년의 궁중 잔치 166, 평양 감사 부임 잔치 173, 「수선전도」 185, 『대동여지도』를 찍어 낸 목판 187, 『대동여지도』 표지 187, 『대동여지도』 지도첩 190, 규장각도 217, 척화비 217
국립중앙도서관	『북학의』 137, 외규장각 214
국사편찬위원회	「조선방역지도」 189
규장각한국학연구원	『동국신속삼강행실도』 16, 『화기도감의궤』 17, 강홍립의 항복 24, 남한산성도 38, 효종의 국장 행렬 51, 백두산 정계비도 64, 『한중록』 97, 도성도 98, 『일성록』 105, 『화성성역의궤』 117, 『열하일기』 136, 순무영진도 174, 『동여도』 중 한양과 인근 지역 185, 「동국지도」 189, 『대동여지도』 191, 『대동여지도』 지도표 193, 진주 195
김만덕기념사업회	김만덕 초상화 122
농업박물관	맞두레 68, 무자위 68, 나무장군 69, 오지장군 69, 새갓통 69, 쟁기 71
다산기념관	정약용 초상화 138
부산박물관	수문상친림관역도 99
삼성미술관 리움	정조의 화성 행차 119, 인왕제색도 147, 금강전도 148
서울대학교박물관	가체를 얹은 여인 92, 곤여만국전도 128, 책 읽는 여인 158
서울역사박물관	홉·되 108, 『반계수록』 130
성호기념관	이익 초상화 131
수원역사박물관	화성도 112
수원화성박물관	정조 영정 101, 『홍재전서』 102, 김조순 초상화 165
숭실대학교 한국기독교박물관	자명종 44, 천리경 44
전북대학교박물관	공명첩 93
실학박물관	『지봉유설』 127, 김육 초상화 129, 박지원 초상화 135, 『목민심서』 145
울릉 군청	울릉도 79
추사박물관	박제가 초상화 137
한국금융사박물관	보부상 신표 106, 산가지 108, 휴대용 필낭 108, 보부상 수전기 109, 장부 109, 어음 109, 당백전 205
한국상업사박물관	박다위와 조이개 109

한국학중앙연구원 장서각 『남한일기』 38
허준박물관 『동의보감』 본문 29, 『동의보감』 책갑 30, 『동의보감』 번역본 30, 신형장부도 31, 침 32,
침통 32, 약탕기 32, 약솥과 화로 32, 약절구 32, 약연 32, 약틀 32, 약작두 32,
약수저와 약국자 32, 약 망태기 33, 채약 도구 33, 배밀이 33, 휴대용 약상자 33, 약장 33

사진 자료에 도움을 준 곳

두피디아 남한산성 37, 경복궁 204
북앤포토 광해군 묘 22, 의절사 61, 단종 비각 62, 탕평비 90, 동북각루(방화수류정) 115,
절두산 성지 179, 용담정 181
사계절출판사 서북공심돈 114, 화서문 114, 장안문 114, 봉돈 115, 화홍문 115
연합뉴스 석어당 21, 강홍립의 무덤 25, 삼전도비 41, 융릉 111, 거중기 116, 반계서당 130,
정약용 생가 139, 다산 초당 143, 김대건 신부 초상화 178, 천도교 중앙대교당 183,
정족산성 209, 경고비 209, 광성보 용두돈대 212, 척화비 213

사진 자료에 도움을 준 분

김성철   효종 영릉 49
김혜지   북경 남천주당 43
송영호   남한산성 수어장대 47
양대박   안용복 동상 85
오태환   허균 초상화 26
정상운   운현궁 노안당 202
정주하   규장각이 있던 창덕궁 주합루 103, 서장대 114
지중근   택지돈대 63

(주)사계절출판사는 이 책에 실린 모든 자료의 출처를 찾기 위해 최선을 다했습니다.
저작권자를 찾지 못해 게재 허락을 받지 못한 사진은 저작권자가 확인되는 대로 사용료를 지불하겠습니다.

키워드 한국사 5

2014년 6월 27일 1판 1쇄
2022년 4월 29일 1판 5쇄

지은이 | 신병주
그린이 | 김종도·김진화

편집 | 최옥미·강변구
표지 디자인 | 김지선
표지 그림 | 홍선주　**표지 제목 글씨** | 김기조
본문 디자인 | 골무
제작 | 박흥기
마케팅 | 이병규·이민정·최다은
홍보 | 조민희·강효원

출력 | 한국커뮤니케이션
인쇄 | 코리아피앤피
제책 | J&D바인텍

펴낸이 | 강맑실
펴낸곳 | (주)사계절출판사
주소 | (우)10881 경기도 파주시 회동길 252
등록 | 제406-2003-034호
전화 | 031) 955-8588, 8558
전송 | 마케팅부 031) 955-8595　편집부 031) 955-8596
홈페이지 | www.sakyejul.net　**전자우편** | skj@sakyejul.com　**블로그** | blog.naver.com/skjmail
인스타그램 | instagram.com/sakyejulkid　**페이스북** | facebook.com/sakyejulkid

ⓒ 신병주 2014

값은 뒤표지에 적혀 있습니다. 잘못 만든 책은 구입하신 서점에서 바꾸어 드립니다.
사계절출판사는 성장의 의미를 생각합니다. 사계절출판사는 독자 여러분의 의견에 늘 귀 기울이고 있습니다.
이 책은 저작권법에 따라 보호받는 저작물이므로 무단전재와 무단복제를 금합니다.

ISBN 978-89-5828-375-1 74910
ISBN 978-89-5828-370-6 (세트)